Walta Reuther-Dommer
Eckhard Dommer
»Ich will Dir erzählen...«

Reihe »Psychoanalytische Pädagogik«
Herausgegeben von Christian Büttner,
Wilfried Datler und Urte Finger-Trescher

Walta Reuther-Dommer
Eckhard Dommer

»Ich will Dir erzählen...«
Geistig behinderte Menschen zwischen Selbst- und Fremdbestimmung

Psychosozial-Verlag

Bibliografische Information der Deutschen Nationalbibliothek
Die Deutsche Nationalbibliothek verzeichnet diese Publikation in der Deutschen
Nationalbibliografie; detaillierte bibliografische Daten sind im Internet über
<http://dnb.d-nb.de> abrufbar.

© dieser Ausgabe 2004 Psychosozial-Verlag
Neuauflage der Ausgabe von 1997
E-Mail: info@psychosozial-verlag.de
www.psychosozial-verlag.de
Alle Rechte vorbehalten. Kein Teil des Werkes darf in irgendeiner Form (durch
Fotografie, Mikrofilm oder andere Verfahren) ohne schriftliche Genehmigung des
Verlages reproduziert oder unter Verwendung elektronischer Systeme verarbeitet,
vervielfältigt oder verbreitet werden.
Umschlagabbildung: Franz Liebig:
»Ich betrachte mein Gesicht im Spiegel«
Umschlaggestaltung: Christof Röhl
nach Entwürfen des Ateliers Warminski, Büdingen
Printed in Germany
ISBN 978-3-89806-366-1

Inhaltsverzeichnis

1 Um was geht es? 7
   Beschreibung der Ausgangssituation 7

2 Unser »neues« Konzept 11
   2.1 Einige theoretische Betrachtungen 11
   2.2 Praktische Umsetzung/
       Darstellung der Interventionen 17

3 Vorstellung der geistig behinderten Frauen 23

4 Veränderungsprozesse 49
   4.1 Zwischen Theorie und Praxis 49
   4.2 Entdeckungen in der dinglichen Umwelt 50
       Aneignung der Räume 50
       Sorgfältiger Umgang mit den Dinge 53
       Eigenständigkeit 54
       Gemeinsame Hausarbeit 62
       Ausprobieren der Grenzen 64
       »Heilige Dinge«: Telefon und Schlüssel 65

   4.3 Repressive Verwahrung und aggressive Reaktionen
       der »Patientinnen« 66
       Fixierungen 66
       Das Problem der körperlichen Gewalt 71

   4.4 Entdeckungen von Zeichen und Sprache 73
       Außersprachliche Mitteilungen 73
       Sprache 76

4.5 Entdeckungen von Körper und Körper-Ich 82

    Von der Hygiene zur Körperpflege............ 82
    Beweglichkeit und das Verlassen der Station 85
    Körperfunktionen......................... 87

4.6 Entdeckungen von Beziehungen 88

    »Die kleine Runde, ein Kreis zum Schwätzen« ...88
    Beziehungen zwischen den geistig
    behinderten Frauen 89
    Beziehungen zu den Betreuerinnen 92
    Von der Nahrungsaufnahme zur Eßkultur 94

5 Verschiedene Facetten 99

    5.1 Rückblick der Betreuerinnen 99
    5.2 Mehr Ungezwungenheit zwischen »uns«
        und den Angehörigen 102
    5.3 Vergleich zweier Kompetenztests am Anfang und
        Ende der Evaluationsphase......................105
    5.4 Zusammenfassung 106

6 Literatur 111

1 Um was geht es?

In unserem Buch geht es um Veränderungsprozesse im Leben von 23 geistig behinderten Frauen. Nach einer langjährigen stationären Verwahrung mit entsprechender Hospitalisierung in einer Landesnervenklinik werden ihnen, aufgeteilt in drei Wohngruppen, mehr Privatheit, Beziehung, individueller Freiraum und mehr Chancen zum Teilnehmen und Gestalten des Alltags angeboten. Die Entwicklung ihrer äußeren und inneren Lebensumstände wird von uns über einen Zeitraum von zwei Jahren begleitet und im Kapitel 4 ausführlich erzählt. Die Beschreibungen sind anschaulich und praxisnah, wir berichten anhand von thematisch geordneten Beispielen hautnah aus dem alltäglichen Leben der Frauen.

Bei der Umgestaltung in Wohngruppen haben wir auf einen integrativen Ansatz, der zwischen den lebenspraktischen Fähigkeiten, sozialer Kompetenz, den Gefühlswelten, zwischen sozialen Lebensbedingungen und der Persönlichkeit nicht trennt, sehr wohl aber unterscheidet, Bezug genommen.

Beschreibung der Ausgangssituation

Die geistig behinderten Frauen, die seit Jahren in der Aufnahme- und Langzeitstation leben, hielten sich tagsüber in zwei Aufenthaltsräumen auf, durch großflächige Fenster aus Sicherheitsglas vom Personalraum aus, der in der Mitte liegt, vollständig einsehbar (eine Architektur der Überwachung, s. Foucault 1976). Tische und Stühle sind schweres Krankenhausmobiliar, es gibt keine wohnlichen Gegenstände, keine Vorhänge, nichts Privates, von Tischen und Stühlen abgesehen sind die Räume kahl. Ein Blumentopf würde sofort als Wurfgeschoß benützt, Bilder zerrissen, Vorhänge herunter gerissen werden.

Einige Frauen sind zur Abwendung von Gefahr in ihren Stühlen fixiert. Eine Frau, die sich trotz Fixierung mit unglaublichem Geschick sämtliche Kleider zerreißen kann, ist häufig nackt im Stuhl fixiert, da sonst nur übrig bliebe, sie im Bett zu lassen. Die Belüftung ist aufgrund der geschlossenen Fenster unzureichend. Es wird zwar ständig geputzt, aber ... der Geruch. An die beiden Aufenthaltsräume schließen sich im Korridorsystem die Schlafräume an. Diese sind tagsüber verschlossen. Die Möbel in den Schlafräumen sind weiß gestrichen aus Stahlblech im typischen Krankenhausstil: Bett, Metallwagen. Die Schränke befinden sich in Form von Einbauschränken auf dem Gang.

Alle geistig behinderten Frauen wurden, unter der zentralen Leitung der Stationsschwester, von allen Betreuerinnen gleichermaßen je nach Bedarf bzw. nach Zufallsprinzip versorgt. Es ist naheliegend, daß eine Versorgung von 30 Personen (23 »Langzeitpatientinnen«, die im folgenden beschrieben werden, weiterhin standen 7 Betten für »Akutpatientinnen«, die jeweils nur vorübergehend stationär aufgenommen wurden, zur Verfügung) eine ganzheitliche Wahrnehmung jeder einzelnen erschwert. Der Kontakt zwischen den Frauen und den etwa 12 Betreuerinnen[1] wurde weitgehend bestimmt durch den statischen, funktional versorgenden Rhythmus der Grundpflege: Wecken, Hygiene, Anziehen, Essensausgabe, Medikamentenausgabe, zu Bett bringen usw.[2] Für die geistig behinderte Frauen bedeutete dies eine Reduzierung der Beziehung mit der Betreuerin auf den funktionalen Aspekt des Versorgtwerdens, des Kontrolliertwerdens; sie erscheint als ein Rad im Getriebe des Tagesablaufes, sehr mächtig, aber unverläßlich, denn plötzlich ist sie nicht mehr da, jemand anderes tritt an ihre Stelle, wie austauschbar. Eine wirkliche Beziehung mit einer stabilen emotionalen Versorgung in eine zeitliche Dimension hinein konnte nur brüchig erfahren werden. Für die Betreuerinnen bedeutete dies ein Arbeiten, in dem eine Übernahme von kontinuierlicher Zuständigkeit und Verantwortung für ausgewählte Tätigkeitsbereiche, die Voraussetzung für ein befriedigendes Arbeiten, nicht möglich war. In dieser Organisationsstruktur sind die Interaktionen festgelegt,

---

[1] Im pflegerischen Tagdienst waren durchschnittlich drei bis vier Pflegekräfte sowie ein bis zwei Pflegeschüler/innen, im Durchschnitt ca. 5 Kräfte incl. Schüler/innen eingesetzt. Durch Krankheit, Urlaub usw. kommt es manchmal zu Unterbesetzungen. Von 12.30 Uhr bis 15.00 Uhr waren ein bis zwei Pflegekräfte anwesend, von 19.00 Uhr bis 7.00 Uhr eine Nachtwache auf der Station. Eine Krankengymnasiastin war durchschnittlich ca. 10 Std. pro Woche auf der Station tätig (ca. 2 Std. pro Wochentag). Der Station war weiterhin 25 % einer Arztstelle zugewiesen und eine halbe Psychologenstelle. Ein Sozialarbeiter wurde bei Bedarf hinzugezogen.

[2] Dabei ist wichtig zu erwähnen, daß die Betreuungspersonen aber schon immer Wert auf die Durchführung sozialer Angebote legten: Feiern der Geburtstage, der Jahresfeste wie Ostern, Nikolaus, Weihnachten, auch Spaziergänge und Ausflüge.

starr; es können keine Veränderungen in Gang kommen, die als befriedigend erfahren werden.

Zu Beginn, am Anfang des Veränderungsprozesses, sind sechs der Frauen tagsüber nicht im Aufenthaltsraum: vier von ihnen sind seit Wochen wegen Selbst- und Fremdgefährdung, die nicht anders abgewendet werden kann, fast dauerfixiert im Bett.[3] Zwei der Frauen sind tagsüber in der Arbeitstherapie, »auf dem Gelände« der Landesnervenklinik. Die beschriebenen Frauen leben alle seit vielen Jahren auf der Abteilung. Sie zeigen eine große Variationsbreite hinsichtlich der Ausprägung ihrer Behinderung, ihrer Aufenthaltsdauer in anderen Einrichtungen, der durch Hospitalisierung bedingten sozialen Deprivation und deren Folgen. Bei den meisten liegen darüber hinaus zusätzliche Erkrankungen und Störungen und weitere Behinderungen vor, (siehe Kap. 3, Vorstellung der geistig behinderten Frauen). Das Alter der Frauen liegt zwischen 20 und 60 Jahren.

Fast alle Betreuerinnen erlebten die Organisationsstruktur der Arbeit und die Verwahrungssituation der geistig behinderten Frauen als äußerst unbefriedigend. Sie haben mit ihrem Veränderungswillen den Umwandlungs- und Veränderungsprozeß in Gang gebracht, dem ein etwa einjähriger gemeinsamer Streit- und Diskussionsprozeß vorausging mit dem gemeinsamen Ziel: Verbesserung der Situation der geistig behinderten Frauen und ein befriedigender Arbeitsrahmen. An dieser Stelle möchten wir unsere tiefe Wertschätzung und Anerkennung für ihre kreative Ausdauer aussprechen. Wer große Institutionen kennt, weiß, wie schwer und zäh Veränderungen von innen heraus durchzuführen sind. An dieser Stelle möchten wir uns herzlich für die Motivation und Bereitschaft zur Mehrarbeit bedanken, die unsere begleitende Untersuchung erforderte. Und ebenso möchten wir der Bereichsleitung danken, ohne deren Unterstützung vieles nicht möglich gewesen wäre.

Ein kleiner Hinweis zum Lesen: Der theoretische Teil (Kap.2) bietet zwar den Rahmen zur Einordnung der Veränderungsprozesse, aber wer

---

[3] Versuche, sie aus dem Bett zu holen, sind teils mit körperlicher Verletzungsgefahr für die Betreuerinnen verbunden, oder, gelingt es, eine der Frauen in den Aufenthaltsraum zu holen, am Stuhl zu fixieren, versucht sie so heftig, sich aus den Fixierungen herauszuziehen, bis die Gliedmaßen dunkel anlaufen oder sogar Strangulierungsgefahr besteht

keine Lust auf Theorie hat, kann gleich mitten im Buch ab »Vorstellung der geistig behinderten Frauen« lesen, ohne besondere Verständigungsschwierigkeiten erwarten zu müssen. Man muß lediglich wissen, daß »Gruppe unten«, »Gruppe rechts« und »Gruppe links« die Namen für die drei neugebildeten Wohngruppen sind.

2 Unser »neues« Konzept

Ausgangspunkt für die Wünsche nach einer Veränderung der »Station« war die Unzufriedenheit der Betreuerinnen mit den beschriebenen Zuständen bzw. die Erfahrung, eine unbefriedigende Versorgung zu leisten, die sowohl die Betreuerinnen als auch die »Patientinnen« unterforderte. So kann z. B. Eva Kalhor eigentlich schreiben. Und Heike Lorenz ist dazu in der Lage, sich selber an- und auszuziehen, ist aber zu faul. Sie hat es »geschafft«, sich bedienen zu lassen, da es bedeutend mehr Zeit in Anspruch nimmt, sie zu motivieren, sich selbständig an- und auszukleiden, als wenn es die Betreuerin rasch selbst macht. In der hektischen Alltagsroutine wurde sie eben an- und ausgekleidet, was verständlich ist, wenn man jahrelang morgens zu zweit oder zu dritt fast 30 (inclusive der »Akutpatientinnen«) teils sehr schwierige »Patientinnen fertig machen muß«.

Petra Jung kann sich spielerisch mit vielem beschäftigen und es genießen, aber sie muß dabei wegen zwanghafter selbstzerstörerischer Neigungen ständig überwacht werden, wegen fremdaggressiver Verhaltensweisen gilt das gleiche für Loni Rüb. Susanne Reinhold kann Textstellen aus Märchenbüchern vorlesen, manchmal, wenn sie ruhig ist, hat sie solche Erinnerungsspuren. Barbara Godat kann doch eigentlich kleine häusliche Tätigkeiten verrichten. Und so kommen den Betreuerinnen nacheinander viele Einfälle und Erinnerungen an weitere Fähigkeiten der geistig behinderten Frauen. Innerhalb des folgenden Abschnitts werden diese Anregungen zu einer Veränderung theoretisch fundiert (2.1) und als systematisches und praxisbezogenes Konzept umgesetzt (2.2).

2.1 Einige theoretische Betrachtungen

Der Gedanke, geistig behindert zu sein, ist bedrohlich: Eine Behinderung des Intellektes berührt den Kern dessen, was den Menschen ausmacht. Zu den Ursprungsmythen vom Menschen gehört als anthropologische Konstante der Verstand, der Geist. Auf eine geistige Behinderung reagiert die Umwelt selten unbelastet: So mag sich die Leserin bzw. der Leser vorstellen, häßlich zu sein, mag sich auch vorstellen, dick oder körperbehindert zu sein, er mag sich auch vorstellen, verrückt bzw. irre zu werden, – große Maler, Dichter und Denker bieten hier gute Gesellschaft – aber mag er sich auch vorstellen, »dumm« zu sein? Wer sich hier getroffen fühlt, hat verstanden.

Auf Seiten der Nichtgeistigbehinderten hat eine Abwehr dieser massiven Kränkungsgefahr, nämlich geistig behindert und damit geistig nicht eigenständig lebensfähig zu sein, und die Abwehr dieser latenten Bedrohung für das eigene Ich unseres Erachtens mit dazu beigetragen, daß geistig behinderte Menschen in der modernen Lebenswelt im Abseits versteckt und aus dem allgemein erfahrbaren Alltag herausgenommen werden. Die Häufigkeit geistiger Behinderung wird auf zwei bis drei Prozent geschätzt (Eggers 1983, S. 17). Im Straßenbild sind geistig behinderte Menschen aber nicht vorhanden. Wir wollen dieses Kernproblem hier nicht durch eine an sich sinnvolle Beschreibung von fließen den Übergangsbereichen oder von Einzelfällen, bei denen die soziale Toleranz flexibler gehandhabt wird, abschwächen. Das Phantasma bezieht seine Kraft aus dem Unbewußten derer, die stigmatisieren, »es ist das Produkt einer Verdrängung und einer durch die sekundäre Bearbeitung zustande gebrachten Sublimierung der ursprünglich beunruhigenden Wahrnehmung oder Vorstellung. Das Phantasma ergibt sich aus der einfrierenden Funktion des Unbewußten, ...« (Erdheim 1982, S. 164). Wir sehen in dem Begriff »Behinderung« auch den Aspekt der Behinderung von Außen. Der geistig behinderte Mensch muß sich mit einer konstitutionellen Schwierigkeit auseinandersetzen und mit der Art und Weise, wie die personale Umwelt darauf reagiert. So trifft die Begegnung mit geistig behinderten Menschen, insbesondere bei einer schweren Behinderung, auf einen vielschichtigen Bedeutungskomplex von mythischen und religiösen Bildern, Schuldgefühlen, Ängsten, Irritationen, Kränkungen und entsprechenden Abwehrmechanismen. Eine dramatische Zuspitzung kann insbesondere bei betroffenen Eltern erfolgen: »Jede Studie über die Debilität bleibt unvollständig, wenn nicht zunächst der Sinn untersucht wird, den die Debilität für die Mutter hat« (Mannoni 1972, S. 70).

Menschen mit geistiger Behinderung sind in ihrer Subjektivität, in ihrer persönlichen und sozialen Identität von außen zusätzlich gefährdet. Auch in der fachlichen Betreuung geistig behinderter Menschen schleppt sich nach unserer Auffassung, wenn auch versteckt, die Vernachlässigung des Subjekts fort. Sie werden in der pragmatischen Orientierung an Leistungsfortschritten und Anpassungsstrategien leicht zum zu »formenden Objekt pädagogischer Bemühungen«. Das soll nicht als »Zeigefinger« mißverstanden werden: es handelt sich um ein Dilemma, das in der Natur der Sache liegt. Der geistig behinderte Mensch bedarf ja, je nach Grad der Behinderung, regulierender Vorgaben, braucht ja eine gezielte Förderung, es ist oft notwendig, Ich-Funktionen für ihn zu übernehmen, Entscheidungen für ihn zu treffen. Sie sollen doch zu mehr befähigt werden, um die Welt weiter kennenzulernen, zu erobern, mehr Lebensqualität zu haben. Aber: Wo stoßen meine Verbesserungsintentionen auf die persönlichen Rechte eines Gegenübers, auf seine Privatsphäre, im Sinne von: »Störe meine Kreise nicht«? Wo fängt sein Recht auf Verweigerung, Rückzug und Selbstbestimmung an? Wo ist die Grenze meiner Normierung? Wie kann ich die Rechte des geistig behinderten Gegenübers »auf seine Kreise« wahren bei gleichzeitiger Notwendigkeit steuernden und regulierenden Eingreifens? Dieses heil- und sonderpädagogische Dilemma steht im Zentrum unserer Aufmerksamkeit.

Als für unser Konzept fundamentalen Begriff richten wir uns an dem Theorem der Ich-Identität aus, a) betrachtet unter tiefenpsychologischem Gesichtspunkt und b) betrachtet als mikrosoziologischer Begriff (siehe Handlungstheorien zur verstehenden Interpretation subjektiver Sinnstrukturen, z. B.: Goffman 1972, 1975; Krappmann 1974; Mead 1973). Der mikrosoziologische Begriff der Ich-Identität umfaßt den Doppelaspekt des sozialen und individuellen Wesens des Menschen. Ich-Identität bedeutet zum einen die Notwendigkeit der subjektiven Selbstdarstellung, der Entwicklung und Wahrung eines (befriedigenden) individuellen Persönlichkeitsentwurfes, zum anderen die gleichzeitige (gelungene) Anpassung an die Normen und Regeln der Lebenswelt des Alltags. Menschliche Individuen handeln in diesem Doppelaspekt: Sie treten sich als soziale Wesen auf dem Boden einer Übereinstimmung der Wahrnehmungs- und Bedeutungskategorien auf der Handlungsebene gegenüber. Diese Übereinstimmungen sind aber nicht völlig deckungsgleich, es bleiben semantische Zwischenräume, Widersprüche, offene Stellen, Mißverständnisse, Interpretationsspielräume, die auf dem Boden einer gebrochenen Intersubjektivität sprachlicher oder quasi-sprachlicher Symbole erlebt und »verhandelt« werden müssen. Menschen sind auf kommunikatives Handeln, das immer, zumindest »ein bißchen«, affektiv beeinflußt ist, angewiesen. Der kommunikative Akt beinhaltet immer eine symbolische Beziehung, im Gegensatz zu der rein reaktiven Beziehung zwischen Reiz und Response. Diese symbolische Verständigung ist Wesensmerkmal des Menschen und erlaubt ihm erst den Entwurf einer persönlichen Subjektivität auf dem Hintergrund subjektiver Interpretationen. Das Personsein in der Welt erfordert eine ausbalancierte Beziehung zwischen den Dimensionen ›der sozialen Anpassung‹ und ›der indivduellen Lebensäußerung‹. Der Begriff Ich-Identität faßt die unterschiedlichen Faktoren, die diese Beziehung definieren, zusammen (s. Abbildung 1).

Nach Habermas (1968) kann diese Spannung zwischen Individualität und sozialer Anforderung differenzierter beschrieben werden als:

- zwischen den Wertorientierungen der sozialen Realität und den Bedürfnisdispositionen des Individuums (Repressivität).
- Beziehung zwischen Rollendefinitionen der umgebenden sozialen-Realität und den Rolleninterpretationen des Individuums (Rigidität).
- Beziehung zwischen geltenden Normen und eigener wirksamer Verhaltenskontrolle (Arten der Verhaltenskontrolle).

Diese drei Kategorien der Spannung zwischen Individualität und sozialen Anforderungen bilden für uns den Hintergrund für die Auseinandersetzung mit jeder geistig behinderten Frau und münden im Rahmen unserer fachlichen Reflexion in konkrete, praxisbezogene, anleitende Fragen (s.a. Supervision im Abschnitt 2.2). Unsere Intention bestand in einer »doppelten« Strategie: zum einen wollten wir durch ein differenziertes personenzentriertes Betreuungsangebot die Individualisierung unterstützen und die entstandenen Hospitalisierungsschäden zumindest kompensieren, d.h. die behinderten Frauen subjektiv berühren, den persönlichen Entwurf jeder einzelnen unterstützen, auf der anderen Seite sollte mittels individueller Normen- und Rollenanforderungen auch die notwendige soziale Anpassung befriedigender erlebt werden können.

Ich-Identität aus tiefenpsychologischer Perspektive bedeutet die Einzigartigkeit des Individuums auf dem Hintergrund seiner individuellen Lebensgeschichte und des Niederschlages seiner Erfahrungen bzw. deren Verarbeitungen. Diese beiden Sichtweisen zur Annäherung an die

»Ich-Identität« haben, bei aller Abgrenzung, eine zentrale Nähe: im Fokus liegen die subjektive Bedeutung und deren Genese in den Interaktionen.

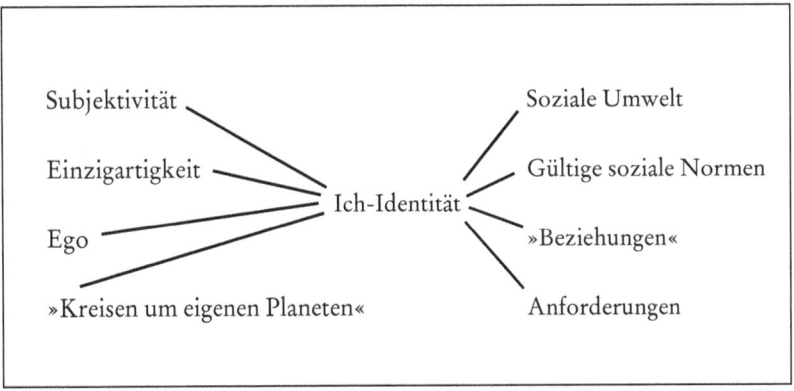

Abb. 1: Ich–Identität

Es ist unser Anliegen, die geistig behinderte Frau in ihrer Einzigartigkeit auf dem Hintergrund ihrer Lebensgeschichte kennenzulernen. In diesem Zusammenhang verwenden wir die Tiefenpsychologie nicht als therapeutisches Verfahren, sondern als Theorie über menschliches Verhalten in sozialen Welten. Sie stellt den theoretischen Bezugsrahmen einer ganzheitlichen Betrachtungsweise der Persönlichkeiten der geistig behinderten Frauen dar. Dabei werden ihre Handlungsäußerungen im Schnittpunkt zweier Ebenen gesehen:

1. die vertikale Ebene bezieht sich auf die Lebensgeschichte der geistig behinderten Frau. Ihr Verhalten und Erleben wird vor dem Hintergrund ihrer Biographie als integrierter Bestandteil eines individuellen Entwicklungsverlaufes betrachtet. Persönlichkeit wird verstanden als geschichtlicher Niederschlag der Erfahrungen und deren Verarbeitungsmodalitäten. Zur Bildung der Ich-Identität spielen die Möglichkeiten der Integration der Erfahrungen zu einer ganzheitlichen »Geschichte« eine zentrale Rolle.

2. die horizontale Ebene bezieht sich auf den aktuellen situativen Kontext der geistig behinderten Frau, auf ihre soziale Situation und die diese konstituierenden Kräftefelder. Dabei werden die Modalitäten der mikrosozialen als auch der makrosozialen und der materiellen Umwelt und deren Bedeutungen für das Individuum herausgearbeitet.

Auf beiden Ebenen wird Seelenleben und Verhalten unter Einbezug des topologischen Modells von Bewußtem, Vorbewußtem und Unbewußtem verstanden. Karl Jaspers fordert, daß man bis zu dem vordringen müsse, was der Einzelne wirklich erlebe, zu den »Einzeltatbeständen und deren Zusammenhänge des Seelenlebens«, er fordert einen Zugang zum subjektiven Inneren des Menschen.

Die Bedeutung der Handlungen der geistig behinderten Frau soll verstanden werden, ihr alltägliches Verhalten und auch besonders ihre »Symptome«, damit dieses Verstehen in die korrigierenden Maßnahmen einfließen kann. August Aichhorn (19778, S. 37) unterscheidet in diesem Zusammenhang zwischen der latenten und manifesten Verwahrlosung, »die Verwahrlosungsäußerungen haben nur diagnostische Bedeutung, zu behandeln ist die Verwahrlosung« ... »Die Ursache der Verwahrlosung aufsuchen, heißt dann auch nicht, nachzusehen, was die latente Verwahrlosung zur manifesten macht, sondern ergründen, was die latente hervorruft.« (A. Aichhorn, 19778, S. 39)

Dabei soll keine Therapeutisierung des Umfeldes bewirkt werden, vielmehr eine Normalisierung, es soll eine Umgebung geschaffen werden, die für die geistig behinderte Frau »normaler« ist in dem Sinne, daß sie sie besser verstehen, adaptieren kann. Die psychische Gesundheit eines Menschen ist davon abhängig, inwieweit er eine Integration zwischen seiner Persönlichkeit und der Umwelt (i. S. einer befriedigenden Koordination seiner organischen Ausstattung, seiner Triebansprüche, seiner Überichanforderungen, seines Realitätsprinzips einerseits und der Umwelt andererseits) bilden kann. Anhand der symptomatischen und alltäglichen Handlungen der Bewohnerinnen soll ihr Verstehen erarbeitet werden, das dann in die Betreuung umgesetzt werden soll. Die daraus abgeleiteten Maßnahmen stellen keine individuelle psychotherapeutische Behandlung dar, sondern konstituieren die Merkmale für das allgemeine Setting. Dabei werden natürlich auch psychotherapeutische Ziele, z. B. die Änderung einer psychopathologischen Ich-Struktur bei einzelnen Bewohnerinnen angestrebt, aber grundsätzlich ist hier vordringlich daran gedacht, der geistig behinderten Frau angemessener zu begegnen (vgl. Aichhorn, 19778). Dabei soll auch ein »empathisches Verstehen« vertieft werden, das im Rahmen der Kompetenz des Alltags ein »sensibles Sichhineinversetzen« in die Bedürfnisse bzw. Erwartungen der Bewohnerinnen beinhaltet (Peters, 1984).

2.2 Praktische Umsetzung

Darstellung der Interventionen

Die Interventionen sind nicht isoliert voneinander zu sehen, sondern als Bestandteile des oben beschriebenen Konzeptes, in dem durch persönlichere Betreuung und Wohnräume mit privater Atmosphäre den geistig behinderten Frauen mehr Lebensqualität ermöglicht werden soll. Die Interventionen zielen konkret ab auf die:

- **räumliche Entflechtung der Station (1)**
  ermöglicht durch die Hinzuziehung bisher ungenutzter Souterrainräume können drei Wohnbereiche eingerichtet werden,
- **Bildung von Wohngruppen (2)**
  die geistig behinderten Frauen werden in drei Gruppen aufgeteilt, unter Berücksichtigung bereits bestehender Beziehungen, hinsichtlich der Kriterien der Schwere der geistigen Behinderung, der Integrationsfähigkeit, des pflegerischen Aufwandes in sich ähnlich. Die Frauen unterscheiden sich hier erheblich voneinander,
- **Aufteilung der Betreuerinnen in drei Gruppen (3)**
  auch die Betreuerinnen teilen sich in drei Gruppen auf, jedes »Team« ist fest einer Wohngruppe zugeteilt und für diese zuständig,
- **Fachliche Reflexion und focussierte Teambesprechung (4)**
  einmal wöchentlich eineinhalb Stunden in jeder Gruppe,
- **Heilpädagogische Maßnahmen (5)**

Zu 1: Die räumliche Entflechtung der Station
Durch die Hinzunahme bisher nicht genutzter Räume im Parterre wurde eine räumliche Entflechtung der Station möglich. Insbesondere sollte die funktionale Aufteilung der Räume in Schlafräume, zu denen die »Patientinnen« tagsüber keinen Zutritt haben und die nach den Kriterien der Überwachbarkeit gestalteten Aufenthaltsräume, in welchen sich die »Patientinnen« den Tag verbringen, durch erweiterte räumliche Angebote aufgelöst werden. So ist für jede Gruppe ein eigener Wohnbereich

vorgesehen, der zum einen erweiterte Handlungsmöglichkeiten (z. B. Küche) bieten soll, zum anderen soll eine Atmosphäre privater Wohnqualität angestrebt werden, was eine Ausstattung mit entsprechenden Möbeln sowohl in den Gemeinschaftsräumen als auch in den Zimmern der geistig behinderten Frauen erfordert. In den Zimmern sollen zumindest private bzw. persönliche Ecken mit der Möglichkeit individueller Depots gegeben sein.

Die große Regalwand kann man so umstellen, daß sie als Raumteiler wirkt, der große Raum wird so in zwei gemütlichere kleinere Hälften geteilt. Die Rückseite der Regalwand wird durch ein großes selbst gemaltes Bild verschönt. Durch eine organisatorische Veränderung kann ein zusätzliches Zimmer, das anderweitig benutzt wurde, einbezogen werden. Drei weitere Kleiderschränke finden sich im Fundus der Abteilung, die können Bewohnerinnen zugeteilt werden, die einen Schrank verwenden bzw. dies lernen können. Die Schränke im Wohnzimmer werden bunt gestrichen, sie sollen zum Teil auch als Trennwände benutzt werden. Sessel können aufgetrieben, vielleicht können welche privat gekauft werden, vielleicht schenken Eltern »ihrem Kind« einen gemütlichen, kleinen Sessel. Vielleicht hat jemand sogar genügend Eigengeld. Gibt es Zimmer, in denen ein Fernseher sein könnte?

Die erweiterten Räumlichkeiten sollen Möglichkeiten für eine differenziertere Wahrnehmung der Objektbereiche der geistig Behinderten schaffen und damit deren Handlungskompetenzen unter Anleitung erweitern. Für jede Gruppe ist ein eigener Wohnbereich vorgesehen.

Ziel der ›Räumlichen Entflechtung‹ ist die Möglichkeit zur Identifikation mit einem eigenen Raum, einem eigenen Platz. Den Raum positiv erfahren zu können, bedeutet, daß man sich bewegen kann, ohne andere zu beeinträchtigen oder von anderen beeinträchtigt zu werden. Die auch symbolische Erfahrung des »seinen Raum/Platz Findens« ist notwendig für das Erleben einer eigenen Identität. Ein Schlafzimmer, auch wenn es ein Dreibettzimmer ist, ist dazu geeigneter als ein Schlafsaal, ebenso ein Wohnzimmer für 8 Frauen im Gegensatz zu einem Aufenthaltsraum für 15. Die zur Identität dazugehörige Erfahrung des »Eigenen«, des »Mein« ist in wohnlichen Räumen mit einem eigenen Platz/Bereich im Gegensatz zum sterilen Krankenhausraum möglich. Besitz z. B. ist erst erfahrbar dadurch, daß ich etwas haben und aufbewahren kann (siehe Goffman 1972).

Zu 2: Bildung von Wohngruppen
Die behinderten Frauen wurden in drei kleinere Gruppen (à ca. acht Gruppenmitglieder) eingeteilt, die jeweils einem festen, überschaubaren Kreis pflegerischer und erzieherischer Bezugspersonen zugeordnet sind. In der kleineren Gruppe ist mehr Raum für Konfrontation, für Erörterung der Situation vor Ort, für persönliche Auseinandersetzung und Beziehung, z. B. mit Frau Lorenz, »die zu faul ist, sich anzuziehen.« Das Verbindende in einer Wohngruppe ist auch der gemeinsame Haushalt. Die Bedeutung eines Beitrages zur Hausarbeit wie Tische abwischen, Wäsche sortieren, Medizingläschen säubern, Blumen gießen etc. liegt in der Übernahme von Verantwortung, in der Integration durch gemeinsame Arbeit. Integration bedeutet ja, Aufgaben, Rollen, Positionen in einer Gruppe zu übernehmen. In die gemeinsame Haushaltsführung können sich die geistig behinderten Frauen teilnehmend integrieren. Strumpfhosen im Waschbecken auswaschen, sie aufhängen, da können viele mitmachen. Im Haushalt läßt sich vieles gemeinsam erledigen, Stühle abwischen, Teppich saugen. Durch ihre Teilnahme an der Hausarbeit werden alle Verrichtungen verständlicherweise umständlicher, zäher, zeitintensiver, da jede viel Zeit zur Verrichtung solcher Tätigkeiten braucht. Es gilt, geduldig die Vorgänge gemeinsam mit ihr durchzugehen, daneben zu stehen, ihr entsprechende Aufforderungen zu geben wie »räum da die Schuhe aus«, oder »jetzt wisch diesen Tisch ab«. Das nimmt viel Zeit in Anspruch.

Die Betreuerinnen planen, mit den geistig behinderten Frauen einen gemeinsamen Tagesablauf zu gestalten und ein Tagesprogramm entwickeln, das ihnen die Möglichkeit bietet, selbst tätig zu werden. Hierzu sollen die begleitenden Teambesprechungen in den Gruppen den pflegerischen und erzieherischen Bezugspersonen die Möglichkeit der notwendigen Distanz und Reflexivität anbieten (s. u.).

Ziel der Gruppenaufteilung: Die Aufteilung der Station in drei Gruppen hat zwangsläufig (und gewollt) einen Abbau der Anonymität zur Folge. Die Anzahl der miteinander kommunizierenden Personen wird kleiner und dementsprechend überschaubarer, sowohl für das Personal als auch für die geistig behinderten Frauen. Wahrnehmen und Wahrgenommenwerden ist dadurch einfacher und öfters möglich. Die Intervention soll eine Umstellung von einer funktionalen, in erster Linie die Ordnung der Station aufrechterhaltende Versorgung zu einer personenzentrierten Betreuung bewirken. Das kleinere Beziehungsgefüge der Personen untereinander reduziert die Störung des Sich-aufeinander-Beziehens oder macht diese erst möglich. Der für die Identität so wichtige Prozeß der Identifizierung als auch der Abgrenzung und das Gefühl der Zugehörigkeit können sich entwickeln.

Zu 3: Aufteilung der Betreuerinnen in drei Gruppen/»Teams« (Gruppenpflege)
Die Zuordnung von betreuenden »Teams« zu jeder der drei Gruppen ermöglicht eine individuellere Betreuung und Förderung der behinderten Frauen.
Im kleinen Kreis der Gruppen wird z. B. viel transparenter, welche Qualitäten der emotionalen Geborgenheit jede der geistig behinderten Frau hat: Jede Betreuerin hat, dies ist menschlich und auch gut so, einen Liebling oder mehrere Lieblinge bzw. andere, die sie nicht so gerne mag. Es entwickeln sich ja Beziehungen. Jetzt wird aber greifbar, ob jede Bewohnerin »ein Liebling« einer Betreuerin ist oder ob vielleicht eine Bewohnerin herausfällt, wie sich das dann bei Frau Harbach herausstellt. Wenn man das weiß, wenn man die institutionell-vorgegebene Abhängigkeit der behinderten Frauen zu den Betreuenden erkennen kann, kann dieses Defizit, diese Abhängigkeit der emotionalen Geborgenheit besser aufgefangen und bearbeitet werden.

Zu 4: Fachliche Reflexion und focussierte Teambesprechung in den Gruppen
Auf dieser Ebene soll eine reflexive Distanz der Betreuerinnen zum Arbeitsalltag möglich werden. Diese kann als Arbeitsinstrument die Funktion haben, der Gefahr der Erstarrung in alltäglicher Routine bewußt zu begegnen zugunsten von Flexibilität und Differenzierungen in der Wahrnehmung und Bewertung der Handlungen der geistig behinderten Frauen und der eigenen Reaktionen und Maßnahmen. Dies erscheint uns besonders für den Personenkreis, auf den die geistig behinderten Frauen ohne Ausweichmöglichkeit basal angewiesen sind, notwendig.
Die Betreuerinnen waren in der täglichen »Pflege« der geistig behinderten Frauen, insbesondere unter den in der ersten Zeit gegebenen institutionellen Bedingungen, besonderen seelischen Belastungen ausgesetzt, so daß neben den fachlichen Erwägungen auch eigene Gefühle, Affekte, persönliche Schwierigkeiten, Vorlieben und Abneigungen zentrale Konditionen der Arbeit sind und somit auch Thema der Teambesprechung sein können, wobei hier Aufgabe und Rolle der Arbeit im Vordergrund stehen (vgl. Schütze 1987, Caemmerer 1970).

Die Teambesprechungen hatten eine vierfache Funktion:
- Integration von Wissen und dessen Umsetzung in den praktischen beruflichen Alltag,
- Weiterentwicklung des beruflichen Handlungsrepertoires,
- Entwicklung einer beruflichen Persönlichkeit, d.h. Entwicklungen von beruflichen Haltungen und Einstellungen, Korrektur unreflektierter Verhaltensweisen, Förderung von Selbstwahrnehmung und Selbstkontrolle.
- Dazu simultan: Entlastung

Ganz besonders soll »störendes« Verhalten, von Krankheitswert oder auf der Ebene von Verhaltensstörungen, als ein Symptom, d. h. als Ausdruck eines dahinterliegenden Sinnzusammenhangs für die geistig behinderte Frau verstanden werden. Dabei soll aber diese Betrachtung keine Therapeutisierung des Umfeldes bewirken, sondern ein Verstehen der Handlungen der Bewohnerinnen.

Die Teambesprechung orientiert sich wesentlich an folgenden anleitenden Fragen:

Allg. Wertorientierung und individuelle Bedürfnisdisposition:
- Welche Vorstellungen, welche Absichten habe ich bei der Betreuung dieser Frau?
- Was sind ihre Wünsche, Vorstellungen, Absichten?

Als Zugang zum Verstehen werden ihre Biographie, auch unter tiefenpsychologischen Gesichtspunkten, sowie aktuelleBotschaften verwendet.

Allgm. Rollendefinition und individuelle Rolleninterpretation:
- Welche Verhaltenszuschreibungen vollziehe ich im Hinblick auf ihr Benehmen, ihr Auftreten, ihr Handeln?
- Wie zeigt sie sich mir? Wie stellt sie sich mir dar?

Arten der Verhaltenskontrolle:
- Wo formuliere ich flexible Regeln, wo werden sie starrer?
- Wo biete bzw. sehe ich Verhandlungsmöglichkeiten?
- Wie verhalte ich mich in der Beziehung, wenn es zu Auseinandersetzungen, wie, wenn es zu groben Regelverletzungen kommt?
- Zu Gesetzesverstößen?
- Wo fangen Gesetze an? Wo fängt der Bereich der gesellschaftlichen Realität in gesetzlicher Hinsicht an (z. B. bei körperlicher Gewalt)?

Individuellle Sinnhaftigkeit
- Wie kann ich ein schädigendes Verhalten korrigieren und den dahinterliegenden subjektiven Sinn schützen, ihm zu positiveren Ausdrucksmöglichkeiten verhelfen?
- Wie kann ich die geistig behinderte Frau ganzheitlich wahrnehmen und mit ihr in einen identitätsstützenden Dialog treten?
- Was ist der subjektive Sinn ihres Handelns? Was kann ich davon unterstützen, was gewähren, was nicht mehr tolerieren? Welche Beweggründe liegen vor?

Ziel der Teambesprechung:
durch die Team-»Supervision« soll die Subjektivität der geistig behinderten Frauen sowie die affektive Ebene im Umgang mit ihnen auf der Betreuerebene thematisiert werden. Die Reflexion der Rolle der Betreuerinnen sowie der Rollenerwartungen gegenüber den geistig behinderten Frauen hat hier ihren Raum

Zu 5: Heilpädagogische Maßnahmen
Vor dem Hintergrund der oben beschriebenen Interventionen, d. h. auf der Basis der verbesserten Lebenssituation sollen heilpädagogische Fördermaßnahmen mit einzelnen geistig behinderten Frauen durchgeführt werden. Diese Förderinterventionen können nach unserer Ansicht nur unter Berücksichtigung der spezifischen Handlungssituationen und des individuellen Kontextes der geistig behinderten Frauen durchgeführt werden. Das heißt, daß eine individuelle soziale Anamnese, die auch die Lebensgeschichte der Frauen berücksichtigt, vorausgehen muß. Die heilpädagogischen Fördermaßnahmen als Kompetenztraining haben sich meist aus praktischen Anlässen entwickelt, z. B. bei den gemeinsamen Mahlzeiten in den Gruppen (s. u.).

Ziel der »heilpädagogischen Maßnahmen«:
Die heilpädagogischen Maßnahmen haben eine Verbesserung der Handlungsmöglichkeiten der geistig behinderten Frauen in verschiedenen sozialen Kontexten, insbesondere auch außerhalb der bisherigen stationären Lebenssituation, zum Ziel und damit verbunden das Ermöglichen einer Selbstdefinition im Sinne einer Identitätsfindung. Hierbei steht die systematische Evokation des vorhandenen Potentials im Vordergrund.

3 Vorstellung der geistig behinderten Frauen

Unsere Geschichte »spielt« in einer großen Landesnervenanstalt, in der neben den üblichen psychiatrischen Fachabteilungen auch mehrere Stationen für geistig behinderte Menschen bestanden. Die nachfolgend beschriebene Umstrukturierung von einem verwahrenden Stationsbetrieb zu drei betreuten Wohngruppen bezieht sich auf eine »Station« mit 23 daueruntergebrachten und zusätzlich maximal sechs akut, vorübergehend aufgenommenen geistig behinderten Frauen. Im Zuge der Umstrukturierung (vgl. o.) wurden aus zwei großen Gruppen drei kleinere gebildet. Zwei der Gruppen nutzen weiterhin die bisherigen Räumlichkeiten, die Anfang der sechziger Jahre als moderne Überwachungsarchitektur eingerichtet wurden. Die beiden Gruppen, die die bisher zur Verfügung stehenden Räume weiter nutzen, werden im folgenden als »Gruppe rechts«, und »Gruppe links«, nämlich links und rechts des Haupteingangs liegend, bezeichnet, eine Gruppe bezieht im Souterrain bisher nicht genutzte Räume, im weiteren »Gruppe unten« genannt.

Im folgenden möchten wir die Biographien der behinderten Frauen vorstellen.

»Gruppe unten«

Marion Beckstein ist zu Beginn der Wohngruppe ca. 50 Jahre alt. Sie kam vor mehr als 10 Jahren aus einer anderen psychiatrischen Klinik. Frau B. hat in ihrem Wesen etwas besonders sympathisches, auch wenn sie oft »nervt«. Sie ist etwas nervös, ständig in Bewegung, neugierig, beobachtet, ist immer in Action. Trotz mittelgradiger geistiger Behinderung ist sie, vermutlich infolge des langjährigen Lebens in einer psychiatrischen Krankenhausstation, völlig unselbständig. Außerdem ist sie auch schwer zu ertragen, da sie oft angestürzt kommt, einem nicht mehr von der Seite weicht und pausenlos mit hoher schriller Stimme stereotyp die gleichen Sätze dicht ans Ohr spricht. Es war nie rauszukriegen, ob sie einem etwas mitteilen wollte oder ob das ihre Art war, überhaupt in Kontakt zu kommen. Eine Verständigung mit ihr war nicht möglich. Sie konnte sich weitgehend selbständig anziehen, mit Anleitung, auch essen, zu mehr war

sie all die Jahre nicht in der Lage. Sie wirkte innerlich meist angespannt.
  Zwei Jahre Wohngruppe: Frau Beckstein erwirbt sprachliche Kompetenz, sie kann sich sprachlich verständigen, Begebenheiten erzählen aus dem Alltag, Wünsche ausdrücken, verhandeln. Sie erwirbt weitere soziale Kompetenzen. Der Kontakt mit ihr ist angenehm. Sie zeigt Humor, macht Witze. In der täglichen Hausarbeit übernimmt sie regelmäßig Tätigkeiten. Sie legt Wert auf ihr Äußeres, schaut sich im Spiegel an, hat Ansprüche an Kleidung und Frisur. Sie ist mittelgroß, relativ schlank, aber kräftig, hat grüngraue Augen und trägt das inzwischen graue Haar kinnlang. Sie hat ihren gesamten Aktionsradius erheblich erweitert. Sie ist viel zufriedener, weniger impulshaft, ruhiger, dabei pfiffig.

Judith Garbe ist ca. 45 Jahre, sie wurde in den Nachkriegstagen geboren. Die Mutter: »schreckliche Zeit der Schwangerschaft, die Bombennächte in Berlin, dann der Einzug der Russen. Die Geburt war normal, aber nach einigen Wochen war sie so verändert, hat nicht mehr getrunken, viel geschrieen, bekam Fieber. Die Ärzte sagten, es sei eine Hirnhautentzündung, aber es gab keine Medikamente, geschweige denn Antibiotika, sie konnte nicht behandelt werden.« Frau G. ist, seitdem sie sieben Jahre alt ist, in Einrichtungen untergebracht, da die Mutter nach der Ehescheidung als Alleinerziehende in dieser Zeit mit der Pflege des Kindes völlig überfordert war. Frau G. ist seit dem Erreichen ihrer Volljährigkeit »im Hause«. Von ihrem Erscheinungsbild her – körperlich wohl gestaltet, mittelgroß und schlank, klares Gesicht, große braune Augen, die stets ein wenig fragend und konsterniert schauen, knielange, schwarze Haare – »verspricht« sie viel mehr, als sie intellektuell bzw. auf der Handlungsebene ausführen kann; andererseits haben wir auch die Phantasie, daß mehr Fähigkeiten und Möglichkeiten in ihr ruhen, als zum Ausdruck kommen können. Eigentlich macht sie immer den Eindruck, als sei sie gerade furchtbar angebrüllt worden, sie spricht leise und verhalten, wirkt scheu, sehr ängstlich, zurückhaltend. Sie kann keinen Wunsch äußern. Manchmal macht sie den Eindruck, als habe sie keine Vorstellung davon, daß es möglich ist, aufgrund eigener Entscheidung auch nur einen Schritt zu tun. Das Verhalten von Frau Garbe erscheint nicht nur zwanghaft, sondern auch fremdbestimmt, so als sei ihr Wille früh gebrochen worden. Sie wagt von sich aus nicht die kleinste Regung. Wenn sie sich die Zähne putzt, putzt sie eine Seite so lange bis ihr jemand sagt, daß sie sich jetzt die andere Seite putzen soll. Sie spricht nicht, aber wir wissen nicht, ob sie organisch dafür nicht ausgestattet ist oder ob die Aktivität des Sprechens – wer spricht, bringt sich in die Welt ein – jenseits ihres Vorstellungsvermögens liegt. Sie hört sehr gerne Musik und singt dazu in nicht verständlichen Phonemen, sie kann aber sehr gut die Melodie halten.

Sie »fusselt« unter stereotypem Zwang, reißt sich die Säume ihrer Kleidung auf, rupft an der Kleidung herum. Die Mutter hat ihr ein wenig das Lesen und Schreiben beigebracht und auf manche Säume Schildchen gestickt: »Du sollst nicht fusseln«. Auf unsere Frage, warum sie »fussele«, schreibt sie dann auf: »muß aber fusseln«.

Sie sitzt am liebsten still vor sich hin; insgesamt wirkt sie ein bißchen vornehm.

Frau Garbe mag Männer, sie strahlt, wenn ein Mann die Abteilung betritt, auf ihre diskrete Art gibt sie zu verstehen, daß sie diesen Kontakt aufregend findet. Es gab schon immer Überlegungen, sie auf eine gemischtgeschlechtliche Abteilung zu verlegen. Aber die Mutter hat große Angst, ihre Tochter könnte sexuell ausgenutzt werden, besonders wenn sie freien Ausgang im hauseigenen Park habe.

Da Frau Garbe tatsächlich schlecht »nein« sagen kann, ist diese Angst in gewisser Weise berechtigt, sie führt aber dazu, daß Frau Garbe der Wunsch nach Kontakt mit dem anderen Geschlecht versagt bleibt. Die Mutter kommt sehr verläßlich zwei Mal im Jahr für ca. eine Woche aus Berlin zu Besuch. Frau Garbe freut sich jedes Mal sehr, und vor allem: bei der Mutter kann sie Wünsche äußern. Sie deutet zum Beispiel auf die Handtasche und anschließend auf die Tür, das heißt, sie möchte spazieren gehen. Von der Mutter möchte sie auch gerne verwöhnt werden, daß diese ihr Schokolade reicht.

Zwei Jahre Wohngruppe: Frau Garbe lacht häufig, in der Musikgruppe lacht sie sich manchmal krank, ist richtig in der Gruppe dabei, sie fängt den Ball, freut sich. Sie kann kleine Wünsche äußern, sie möchte fernsehen, sie kann sich beim Abendessen von der Platte die Wurst auswählen. Eine kleine Integration in den Tagesablauf ist möglich, vorsichtig wäscht sie Tische ab, spült Medizinfläschchen, trägt den Wäschekorb. Sie lernt, sich selbständig zu waschen. Es scheint, sie kann mehr »ich« sagen.

Barbara Godat ist ca. 45 Jahre alt, kam auch vor über zehn Jahren mit einem »Massentransport« zuständigkeitshalber aus einer anderen psychiatrischen »Anstalt.« Sie hat viel geschlagen, hatte oft das Ziel, jeden im Dienst erwischt zu haben. Sie rächte sich für alles, was nicht ihrem Wunsch entsprach (und der war hauptsächlich im Bett unter zugezogener Decke zu liegen) mit Schlägen, hier sehr erfolgreich, obwohl sie erblindet ist. An einem Tag z. B. hatte sie alle außer der Stationsschwester schon erwischt, aber ihr hohes Ziel war, alle zu erwischen, sie stellte sich flach an die Wand neben die Dienstzimmertür und schlug los, als die Stationsschwester den Kopf rausstreckte mit der Absicht, etwas zu rufen. Sie rächt sich heute noch trotzig für Sachen, die ihr nicht passen: Einmal sollte sie zur Bestrafung nicht mit auf ein Sommerfest, da hat sie sämtliche Kleider aus ihrem Kleiderschrank geholt (sie hat ja den Schlüssel, (s. u.), auf den Fußboden im Flur ausgebreitet und darüber gepinkelt.

Sie liebt ihre hauswirtschaftlichen Tätigkeiten sehr, nicht zuletzt wegen des Gefühls der Machtausübung. Sie kann es kaum erwarten, hat ständig die Tagesdecken in den Schlaf- bzw. privaten Zimmern schon mittags vom Bett abgezogen, ganz halsstarrig, bis einfach mal die Türen abgeschlossen wurden, um sie daran zu hindern. Da ließ sie sich unbemerkt in einer Seitenkammer einsperren, verschaffte sich Zugang über den Balkon zum Schlafzimmer und zog siegreich die Tagesdecken ab. Sie kommandiert gern, behält oft die Oberhand, ist raffiniert, beantwortet eigensinnig »Maßnahmen« auf ihre eigene Art. Dabei hat sie Humor; wenn sie gut drauf ist, konnte man schon immer Spaß mit ihr haben. Laut Akte besteht bei ihr diagnostisch der Verdacht auf eine genetisch angeborene geistige Behinderung mittleren bis schweren Grades.

Zwei Jahre Wohngruppe: Sie hat eigentlich schon immer den Alltag aufgelockert, hat viel gelacht, und in der Wohngruppe haben ihre aggressiven Seiten nachgelassen und sich ihre humorvollen Seiten verstärkt. Sie ist eine Frau voller Energie und kann diese jetzt tatendurstig in den hauswirtschaftlichen Ablauf einbringen, sie hat endlich Verantwortungsbereiche, die es ihr ermöglichen, ihre Machtbedürfnisse sozial gekonnt zu befriedigen. Sie kontrolliert auch gerne, ob die Betreuerinnen richtig arbeiten, ob z. B. die Handtücher korrekt draußen liegen, ob alles richtig gewaschen ist, alles seine Ordnung hat.

Aufgrund des kleineren Gefüges ist mehr Raum für sie, sich mit ihren »Einwortsätzen« zu verständigen, bzw. für uns, diese zu verstehen. Sie entdeckt ihre Körperlichkeit, sie möchte schön aussehen. Frau Godat ist durch eine Netzhautablösung, seit sie dreizehn ist, auf beiden Augen blind, eines sieht trübe und wässrig aus, durch eine Körperdeformierung hinkt sie, so daß sie äußerlich verunstaltet wirkt, aber im näheren Kontakt mit ihr entdeckt man ihren Charme, es kommt etwas Pfiffiges rüber, wenn sie ihre vollen breiten Lippen zu einem Lächeln, meist wie augenzwinkernd zu einem Grinsen verzieht. Und etwas wirklich Ekliges hat ganz nachgelassen: ein ständiges In-der-Nase-bohren.

Eva Kalhor ist ca. 40 Jahre alt. Ihr äußeres Erscheinungsbild wirkt mürrisch und trotzig. Sie war schon immer sehr verschlossen. Dabei macht sie für Zigaretten alles: Einmal sprang sie dafür aus dem ersten Stock und erlitt einen Oberschenkelhalsbruch; eine Mitbehinderte hatte ihr für diese Mutprobe eine Zigarette versprochen. Genauso scharf ist sie auf Kaffee. Sie hat manchmal Tobsuchtsanfälle, ihre Affekte nur schwer unter Kontrolle, auf der anderen Seite ist sie sehr korrekt, fast vornehm, sagt z. B.: »Also Schwester Roswitha, jetzt gehen Sie doch mal runter zur Frau Schnidder von der Arbeitstherapie und sagen Sie ihr die Meinung, sie gibt mir keinen Kaffee.«

Frau Kalhor spricht die einzelnen Betreuerinnen, je nach Stimmung, entweder mit »Sie« oder mit »Du« an, ein deutliches Barometer etwaiger atmosphärischer Störungen. In ihrer Verfassung schwankt sie zwischen »depressiv und euphorisch«. Sie hat etwas Leidenschaftliches, scheint ein reiches seelisches Innenleben zu haben, das manchmal durchschimmert, das sie aber als ihre »Privatsache« wie einen Schatz hütet. Sie legt großen Wert auf die jeweils richtige Plazierung von Nähe bzw. Distanz. Ihre Stimmung ist stets überschattet von der Enttäuschung am Leben, geistig behindert, »anders« zu sein, sie fühlt ihren gesellschaftlichen Status sehr genau. Die Ätiologie ihrer Behinderung ist unklar, laut Akte besteht eine »Propfschizophrenie«. Sie war auf einer Volksschule, dort kam es zu einem Abbruch, sie versuchte eine Frisörlehre, sie wurde dann auffällig im Hinblick auf Promiskuität und Verwahrlosung. Bis heute bestehen schuldhaft besetzte sexuelle Vorstellungen. Manchmal erscheinen Anklagen an die Mutter, die sie in seltenen Augenblicken vage äußert, »die ist an allem schuld«, »mit anderen Kerlen«, die Familie sei zusammengebrochen, dann sei alles kaputt gewesen.

Zwei Jahre Wohngruppe: Frau Kalhor erlebt die Wohngruppe als soziale Rehabilitierung; es wird deutlich, daß sie sich vorher in »eine Psychiatrie abgeschoben« fühlte. Die Teilnahme an der Wohngruppe ist für sie eine Aufwertung, eine Stärkung ihres narzißtisch geschädigten

Selbstwertgefühls, das in der Lebensgeschichte so schmerzvolle Kränkungen erfahren hat. Ihre Stimmung wird aufgehellter, sie wird etwas »privater«, näher, sie ist nicht mehr so verschlossen, fühlt sich nicht mehr so »außen vor«. Sie läßt sich mehr auf die Beziehungen mit den Betreuerinnen ein, wird lebendiger.

Gerda Lein ist ca. 48 Jahre alt, wirkt gepflegt, etwas zuvorkommend, vielleicht artig; sie hat ein Gehfrei, indem sie sich gut bewegen kann. Sie lacht bzw. lächelt gerne, sie ist in ihrem Wesen nett, dabei von Herzen schadenfroh. Sie lacht sich krank aus Schadenfreude. Jedes Mißgeschick anderer erheitert sie. Wenn einem etwas hinfällt, kriegt sie sich vor Freude kaum mehr ein.

Sie ist seit über zwanzig Jahren »im Haus«. In der »Vorgängerstation« hatte Frau L. eine innige Freundschaft mit einer Mitbehinderten. Diese stürzte und erlitt einen Oberschenkelhalsbruch. Frau Lein »flippte« völlig aus. Sie war auf dieser eher ruhigen Station nicht mehr zu halten und mußte verlegt werden. Als sie »zu uns« kam, hat sie nichts, nichts mehr gemacht. Sie war wie in einem Totstellreflex und verweigerte alles. Sie mußte auf's Klo gebracht werden. Sie hat einfach keinen Handstreich gemacht. Es ging ihr dann besser, und sie konnte auch eine andere Freundschaft eingehen, mit Marion Beckstein.

Ansonsten legte sie tagsüber im Aufenthaltsraum stereotyp und unablässig ziemlich komplizierte Puzzles. Sie hielt sich richtig am Puzzlen fest. Es liegt bei ihr eine geistige Behinderung mittleren Grades vor. Gerda Lein ist dazu in der Lage, sich durch Mimik und Gestik verständlich zu machen.

Zwei Jahre Wohngruppe: Die Räumlichkeiten ermöglichen ihr mehr Bewegung, sie hat abgenommen, ist beweglicher geworden. Zuvor mußte sie von zwei Betreuerinnen links und rechts in die Wanne gehoben werden. Jetzt kann sie vermittels eines Stuhls selbständig in die Wanne rein und raus. Auch feinmotorisch hat sie sich weiteren Freiraum geschaffen: sie kann mit einer Gabel ganz selbstverständlich allein essen. Sie muß sich nicht mehr starr am Puzzlen festhalten, sie puzzelt jetzt selten, dann aber mit Genuß. Ihre Beziehung mit Marion Beckstein tritt aus dem starren Schema heraus. Sie müssen nicht mehr so symbiotisch hilfesuchend aneinander krallen, können auch Kontakt zu anderen aufnehmen. Gerda L. war zuvor immer eifersüchtig auf alle Zuwendung, die ihre Freundin Marion durch die Betreuerinnen bekam. Jetzt ist sie gelöst und lacht von Herzen.

Frau Lein fühlt sich sicherer in der Welt, sie muß sich nicht mehr so starr schützen. Sie läuft viel hin und her, nimmt in verschiedenen Facetten Beziehungen zu den Betreuerinnen auf, wird wacher. Sie scheint in besonderem Maße die Veränderung zu genießen und auskosten zu wollen.

Heike Lorenz ist ca. 43 Jahre alt, seit 15 Jahren »im Haus«. Ganz früher hat sie viel geschrieen und getobt, geschrieen wie am Spieß. Allerdings, wenn sie nicht tobt, wie seit etlichen Jahren, geht sie leicht unter, sie ist so still, »pflegeleicht«, sitzt herum. In den ersten Jahren war Frau Lorenz noch »intelligenter«. Sie hatte ein begrenztes passives Sprachverständnis. Sie konnte selbständig mit einem Löffel essen. Sie war dazu in der Lage, eigenverantwortlich auf die Toilette zu gehen. Im Laufe der Zeit wurde sie zunehmend autistisch. Es besteht der Verdacht, daß sie Halluzinationen entwickelte. Sie ist zu keiner selbständigen Tätigkeit mehr bereit bzw. in der Lage. Dabei besteht der Eindruck, daß sie auch stinkefaul ist. Ihr Körperbau ist leicht und schmal, die Körperhaltung leicht nach vorn gebeugt und etwas schief. Beim Stehen und beim Laufen ist sie immer etwas schräg geneigt.

Zwei Jahre Wohngruppe: Es ist für sie nicht mehr so einfach, faul zu sein. Es gibt mehr Raum für Konfrontation, für Erörterung der Situation vor Ort. Sie beginnt, sich selbständig an- und auszuziehen. Sie braucht jetzt aufgrund der besseren Übersicht beim Essen keine gemahlene Kost mehr zu bekommen, deshalb hat sie mehr Spaß beim Essen, mehr Appetit, sie ißt mehr, hat etwas zugenommen. Sie wählt aus, entwickelt Vorlieben. Sie wäscht sich im Bad die Hände, kann den Wasserhahn selbst an- und ausdrehen. Sie fängt an, sich durchzusetzen. Wenn ihr etwas nicht paßt, »schlägt« sie manchmal. Manchmal kommt sie und drückt einen, manchmal kommt sie auch und nimmt einen an die Hand und will ins Bett gebracht und zugedeckt werden. Im Wohnzimmer hat sie einen Stammplatz, da schmeißt sie jeden runter, der dort sitzt.

Margit Reinhold ist ca. 25 Jahre alt. Sie bereitet ein besonderes Problem, da sie ständig auf der Suche nach etwas Eßbarem ist, alles, sowohl von frischen Kuchentellern als auch aus Abfalleimern in sich hineinstopft, so daß bei ihr ständig Erstickungsgefahr besteht, deren Vermeidung oft die ganze Gruppe blockiert. Hier ist sie auch völlig clever, hat »übersinnliche Antennen« im Auffinden von Nahrungsmitteln. Weiter auffallend sind ausgeprägte Schwankungen in ihrem geistigen Befinden zwischen »doof«

und »fit«, nicht immer nachvollziehbar. Oft kommt sie aus den Urlauben von den Eltern angeregt, klar, wach zurück, um dann, manchmal schon innerhalb weniger Tage, in einer Art dumpfen Lethargie zu versinken, mit eruptiven aggressiven Ausbrüchen, in denen sie unberechenbar schlägt. Auf der Abteilung ist sie meist in solchen Zeiten aktiver, wenn jemand sie ständig mit sich führen kann. Manchmal liest sie laut aus Märchenbüchern vor. Eine Verständigung mit ihr klappt wechselhaft. Sie ist weitgehend unselbständig.

Sie kam, als sie 18 Jahre alt war, aus der Kinder- und Jugendpsychiatrie. Sie hat so getobt, war lange Jahre nachts und auch sonst fest fixiert. Frau Reinhold hat eine Denkstörung, sie bleibt mit ihren Gedanken haften, ist in gedanklichen Wiederholungen gefangen. Bis zur vierten Klasse ging sie in die Volksschule, das erste Schuljahr mußte sie wiederholen. Im Anschluß besuchte sie eineinhalb Jahre eine Sonderschule. Sie ist von großer, kräftiger Statur, mit großen braunen Augen und lockigen halblangen Haaren. Durch ihre Unruhezustände läuft sie den ganzen Tag hin und her.

Zwei Jahre Wohngruppe: Nach einem erst zähen Vorwärtskommen wird Frau Reinhold doch ausgeglichener, für die ganze Gruppe entlastend ist besonders, daß sich sogar ihre beständige dranghafte und gefährliche Suche nach Eßbarem bessert, sie kann sogar unfixiert an den gemeinsamen Mahlzeiten am Tisch teilnehmen. Die Phasen, in denen sie »dumpf« ist und schlägt, sind selten und nicht mehr so ausgeprägt. Sie wird differenzierter im Kontakt. Auch sprachlich setzen Verständigungsmöglichkeiten ein. Es ist hilfreich für ihre Entwicklung, daß sie jetzt ständig irgendwo mit dabei sein kann, bei den Haushaltsverrichtungen wird sie viel mitgenommen, wenn Kleider genäht und vorbereitet werden, beim Nähen und Flicken. Sie weicht einem dann nicht von der Seite, sie trägt die Wäsche mit, sortiert Strümpfe in die Schubladen, holt auf Aufforderung verschiedene Kleider.

Susanne Reske ist ca. 25 Jahre. Sie kam »in's Haus«, als sie ca. neun Jahre alt war, da ihr Toben in der Kinder- und Jugendpsychiatrie nicht mehr tragbar war. Sie hatte unglaubliche Kräfte; wenn sie am Toben war, reichten vier bis fünf Männer gerade aus, um sie festzuhalten, und sie war unglaublich geschickt, sich aus Fixierungen zu befreien. Sie wurde in einem Einzelzimmer untergebracht, streng fixiert, an der Tür wurde ein Spion angebracht, durch den man vor Betreten des Zimmers erst durchschaute, ob sie sich befreit hatte. Einmal hat sie eine Nachtwache, die zu ihr in's Zimmer kam, fast erwürgt. Schon einige Jahre vor der Gruppenbildung ist Susanne

Reske ein »ganz anderer Mensch«. Sie ist tagsüber unfixiert, geht selbständig auf dem Gelände zur Arbeitstherapie und nimmt dort ganztags teil.

Seelisch ist sie angespannt, höchst kränkbar, kann vor allem keine Versagungen ertragen, aber ganz selten tätlich aggressiv, eher gequält, sie gerät schnell und oft in traurig gereizte Erregung. Sie kann nicht zur Ruhe kommen, ist ständig reizüberflutet, psychomotorisch höchst unruhig, unkonzentriert. Äußerlich wirkt sie ansprechend, sie ist mittelgroß und kompakt, läuft leicht nach vorn gebeugt, hat braune Augen, lockige dunkle Haare. Sie ist in ihrem Wesen von freundlicher Offenheit.

Zwei Jahre Wohngruppe: Sie hat bei Beginn der Gruppe gewaltige Schwierigkeiten, sich einzuleben, der veränderte Tagesablauf bereitet ihr Angst, sie reagiert mit erhöhter Gereiztheit. Dann jedoch genießt sie es. Sie entdeckt ihre Körperlichkeit, legt Wert auf ihr Äußeres, achtet sowohl mehr auf sich selbst als auch auf ihr Umfeld, macht ihr Bett gerne. Sie lernt, daß Dinge auch besprechbar, verhandelbar sind. Sie kann inzwischen, ohne auszuflippen, eine Rüge ertragen. Ihre Toleranz gegenüber anderen erweitert sich. Sie wird persönlicher im Umgang und, vor allem, auch entspannter. Sie macht sich gerne »breit« in der Gruppe und liebt es, zu dirigieren.

Ute Steen ist ca. vierzig Jahre, sie lebte, bis sie ca. 26 Jahre alt war bei den Eltern und schlief bei ihnen im Ehebett »auf der Ritze«. In den ersten drei Lebensjahren, bis zu einer Meningitis, ist ihre Entwicklung normal. Ab dann hat sie nicht mehr gesprochen, sie wird autistisch, zwanghaft. Sie erpreßt ihre überforderten Eltern erfolgreich damit, daß sie sich bei schon kleinen Versagungen, dazu gehören vor allem Veränderungen, den Kopf an der Wand blutig schlägt. Es durfte sich nichts mehr »bewegen«. Als sie »zu uns« kam war sie es noch gewöhnt, in's Töpfchen zu koten, den Po mit Wundcreme eingerieben zu bekommen.

Sie spricht nicht, ist autistisch, sitzt mit dem Rücken zum Geschehen, das Gesicht zur Wand, stundenlang regungslos. In unbewachten Augenblicken schmiert sie alles mit Kot ein, ißt ihn auch. Ihr Gesicht wirkt gleichbleibend »leer«, es verrät nichts über ihre Stimmung, keine Mimik. Auf Ansprache reagierte sie kaum, sie konnte aber auf das zeigen, was sie haben will, man war im Kontakt mit ihr auf nonverbale Zeichen eingestellt.

Zwei Jahre Wohngruppe: Trotz ihrer massiven Veränderungsangst reagiert sie unerwartet positiv. Sie entdeckt und liebt den Morgenmantel, darin herumzulaufen. Sie lächelt! Wenn das Wohnzimmer nicht ganz voll ist, setzt sie sich dazu, es scheint, als würde sie mit fernsehen. Sie ißt besser, fängt an, sich Speisen auszuwählen. Sie ist nicht mehr so zwanghaft, das Kotschmieren ist zwar wechselhaft, läßt aber im Verlauf nach. Sie kann mit zum Essen ausgehen, trinkt ein Glas Sekt, raucht eine Zigarette.

Dann fängt sie an, ganz leise zu sprechen, eigentlich erst nur ein Flüstern. Sie hat seit dem Beginn ihrer Behinderung, also seit fast vierzig Jahren, nie gesprochen. Sie nimmt an Tagesausflügen und an der Reisefreizeit teil, sie lacht. Nachts ist sie lediglich am Fuß und an der rechten Hand fixiert, wenn sie nachts auf die Toilette muß, macht sie sich durch Rascheln bemerkbar. Beim Spazierengehen kommt sie manchmal und will an die Hand.

»Gruppe Links«

Ika Aurach ist ca. 50 Jahre alt, sie kam vor etwa 25 Jahren ins Haus, saß am liebsten unbehelligt auf ihrem Stuhl, hat nichts gemacht, »stur und faul«, hat viel geschlagen, sich selbst viel gebissen, wollte vor allem in Ruhe gelassen werden. Sie ist mittelgroß, etwas rundlich, und hat, wenn ihr danach ist, Witz und Charme. Sie ist psychomotorisch etwas unbeholfen und daher auch ängstlich im Laufen, macht nur ganz vorsichtige, kleine Schritte, vornübergebeugt, aber dieses völlige Verlangen nach Bewegungslosigkeit war weitgehend Faulheit. Da sie sich kaum bemerkbar machte, wenn man sie in Ruhe ließ, sie andererseits sehr unangenehm wurde, wenn man etwas von ihr wollte, ist sie im sozialen Geschehen weitgehend »untergegangen«. Sie sprach auch nie, obwohl sie eigentlich sprechen kann. Sie mochte aber schon immer körperliche Zärtlichkeit, freute sich, wenn man ihr über die Wange streichelte.

Zwei Jahre Wohngruppe: Sie übernimmt kleinere Hilfsdienste in der Haushaltsführung, macht morgens ihr Bett, stellt Tassen auf den Tisch, trägt die kleinen Kannen allein, sie läuft um den Tisch herum und schenkt ein. Sie holt sich ihr Essen, räumt ihr Zeug anschließend selbst ab, wischt an drei Tagen in der Woche die Tische ab. Sie spricht, man kann Witze mit ihr machen, z. B., als eine Betreuerin sie scherzhaft fragt, »kommst Du morgen zu mir spülen?« antwortet sie: »mein Bett ist mir lieber«. Sie trickst gerne, wenn sie den Essenswagen in die Küche schieben soll, drückt sie ihn gerne einer anderen in die Hand, streicht ihr dabei über die Wange und seufzt freundlich: »ach, Du...«. Sie muß mittags ihr Geschirr wegräumen, gelegentlich versucht sie, sich recht pfiffig davor zu drücken, indem sie ihren

Teller heimlich bei jemandem dazu stellt. Sie geht regelmäßig mit auf einen kleinen Spaziergang, wobei der Rückweg merklich schneller geht als das Loslaufen. Sie körperlich beweglicher, nicht mehr so unsicher, und vor allem in ihrem ganzen Wesen viel beweglicher und netter geworden. Wenn sie sich manchmal reflexhaft beißen will und es einer Betreuerin rasch gelingt, sie dabei zu unterbrechen, kann es sein, daß Frau A. sie dann im Gesicht streichelt und sie dankbar anschaut. Wenn man mit Frau Aurach ins Café geht, mag sie sich besonders gut benehmen und ißt sehr gepflegt. Sie scheint den Unterschied zwischen privater Atmosphäre zu Hause, wo es auch mal nicht so genau sein muß, und dem Verhalten in einem öffentlichen Lokal gut wahrzunehmen.

Christa Dörr kam vor ca. 20 Jahren altersbedingt aus der Kinder- und Jugendpsychiatrie, ist sehr unruhig, ist ständig unter Spannung, jedoch nicht aggressiv. Sie hat ca. zweimal im Jahr einen schweren epileptischen Anfall, gelegentlich besteht der Eindruck, daß sie psychotisch ist, dann wird sie sehr bewegungsunruhig, magert ab, schreit viel, in ruhigen Zeiten wird sie dann auch körperlich etwas runder. Sie sprach zu Anfang zwei »Sätze«: »jetzt geh'n wir« und »säubern«, dann sprach sie all die 20 Jahre nicht mehr, außer: »will auf Toilette«. Manchmal wiederholte sie stereotyp, scheinbar ohne Sinnverstehen, wenn man ihr etwas vorsagte.

In der Wohngruppe fällt auf, daß sie zuerst ihren nonverbalen Kontakt erweitert, mit Blicken, Gesten sich verständlich macht, auch einfachen verbalen Aufforderungen nachkommt, diese offensichtlich versteht, bis sie plötzlich mit leiser, leiser Stimme , aber in ganzen Sätzen spricht! Es scheint, daß sie die ganzen Jahre über, unbemerkt von uns, einen relativ ausgebildeten passiven Sprachschatz hatte. Sie spricht dann, »Kaffee will ich«, »was trinken«, »Müsli will ich«. Sie kennt die Namen aller ihrer Mitbewohnerinnen. Sie nimmt mehr Kontakt auf, hält Blickkontakt aus, lächelt, reagiert viel mehr auf ihre soziale Umwelt.

Luise Harbach ist ca. 50 Jahre alt, dunkle Haare, blasses, hageres Gesicht, sie ist recht groß, dabei wie »messerscharf« dünn, ist aufgrund einer Spastik und Unruhe ständig zappelnd in Bewegung. Sie hat große, dunkle, »stechende« Augen, wodurch sie manchmal ein wenig unheimlich wirkt, oft kommt sie ganz plötzlich in eigentümlicher Weise auf einen zu, mit diesem komisch starren Blick, und will einen überall anfassen, sie krallt sich fest, läßt nicht los, schnauft dabei. Seit fast 20 Jahren ist sie im Haus, und wir haben das Problem, daß eigentlich keiner sie so recht mag. Sie ist die einzige, die bei keinem Sympathie erweckt, verstärkt dadurch, daß sie trotz aller Körperpflege einen unangenehmen Körpergeruch hat, der Speichel läuft ihr über das Kinn, dabei liebt sie es doch, ganz nah an einen heranzukommen und sich festzukrallen. Sie greift zwar von sich Kontakt auf, reagiert auch sichtlich sauer, wenn sie dann nicht genügend beachtet wird, geht aber selbst kaum auf Kontaktangebote oder Aufforderungen ein. Sie ist unruhig, hat keinen Tag-Nachtrhythmus. Aufgrund ihrer Spastik darf sie wegen Erstickungsgefahr nur gemahlene Kost essen. Vor dieser ekelt sie sich, das haßt sie, sie nutzt nach dem Essen jede Gelegenheit, sich mit der Hand im Rachen herumzuwühlen, um Erbrechen zu evozieren, was wiederum Erstickungsgefahr bedeutet, die dann oft mit Fixierungen abgewendet wird. Das Herumwühlen im Schlund ist auch der Hauptgrund, warum sie nachts an beiden Armen fixiert ist.

Zwei Jahre Wohngruppe: Aufgrund der größeren Übersicht und Ruhe beim Essen konnte zunehmend davon Abstand genommen werden, ihr gemahlene Kost zu geben. Sie erhält feste Kost, die sie mit Appetit ißt, in kleine Streifen geschnitten. Es macht ihr offensichtlich Freude. Sie ißt abends mit großem Appetit zweieinhalb Scheiben Brot, das ist ganz erstaunlich und freut so, da sie doch so dünn und abgemagert ist. In der Folge legt sie die Gewohnheit ab, sich im Rachen herumzuwühlen, was dazu führt, daß sie nachts nicht mehr fixiert werden muß. Sie ist längst nicht mehr so angespannt und aggressiv, erscheint gelöster. Außerdem versteht sie offensichtlich verbale Aufforderungen, sie geht auf Kontaktangebote ein! Das ging vorher völlig unter, wir dachten immer, sie versteht nichts, nimmt nichts auf. Wenn sie sich zurückgesetzt fühlt, wird sie böse, hier ist sie sehr empfindlich. Sie will z. B. auch immer die erste sein, beim Baden, beim Essen und dergleichen. Frau H. läuft gerne herum, wandert durch die verschiedenen Räumlichkeiten, was ihr Abwechslung und bei ihrem Bewegungsdrang Erleichterung verschafft.

Petra Jung, ca. 45 Jahre, hat einen solchen Witz und Charme, daß sie jeden erobern kann. Sie kam vor ca. 10 Jahren, ist aber seit ihrem fünften Lebensjahr in stationären Einrichtungen gewesen. Im Kontakt hat sie eine Mischung aus sozialer Kompetenz und einer ihr besonderen schrulligen Pfiffigkeit, sie ist sehr kommunikativ, sie macht gerne den Clown. Bei den seltenen Gelegenheiten, bei denen sie auf einen Spaziergang im Gelände mitgenommen werden kann, verwickelt sie jeden Vorbeikommenden in ein Gespräch, mit besonderer Komik, an irgendeiner Stelle fängt jeder zu lachen an. Natürlich ist ihr sprachliches Verständigungsrüstzeug, mit dem sie kommunikative Situationen erlebt und strukturiert, begrenzt. Es gibt auch einige Standardsätze wie »woll'n wir jetzt Löcher in den Boden sehen« oder »so, so« oder »Mit Dir ha'm wir 'nen Fang gemacht« oder »Wie geht's jetzt weiter?« oder »Die kaut gut auf den Felgen«, aber selbst die kommen passend, treffen den Augenblick der Situation.

Die Mutter erzählt, diese soziale Intelligenz und Wachheit seien ihr schon von Geburt an eigen gewesen, sie habe als Säugling schon früh gelacht, im Gesicht reagiert, beim Liedervorsingen »mitgekräht«. Mit vier Monaten habe sie, zu der Zeit kurz nach dem Krieg, Meningitis gehabt. Lange Zeit hätten die Folgen noch nicht ernsthaft ausgesehen. Der Vater sei der Schulleiter gewesen, so daß sie noch versucht hätten, die Tochter einzuschulen. Bis zum Grundschulalter sei sie im Dorf überall umhergelaufen, sie habe viele Kontakte auf den bäuerlichen Nachbarhöfen gehabt, wurde überall gemocht. Sie kann bis heute ganze Lieder auswendig singen und Prosatexte aufsagen. Dazu erzählt die Mutter, der Vater habe oft mit ihr auf einer Bank in dem großen Garten gesessen, sie hätten Lieder gesungen. Sie kannte die Namen der Grashalme, auch der Körner, Weizen, Hafer, einiger Blumen. Ein besonders charmanter Witz ist eine Seite von Frau J., auf der anderen Seite ist sie depressiv, sie hat eine tiefe Traurigkeit in sich, die wir wie eine Art schmerzliches Heimweh erleben. Irgendwann scheint es eine (innere) Heimat gegeben zu haben, sei es in Wirklichkeit, sei es als Phantasma, von der sie getrennt ist, deren Verlust sie nicht überwindet. Dies wird dadurch verkompliziert, daß Frau J. eine unbezähmbare »Schnippelsucht« hat, sie muß zwanghaft jeden Gegenstand, bei dem es ihr auch nur irgendwie möglich ist, in kleinste Einzelteile zerreißen bzw. in spitze Gegenstände zerlegen, mit denen sie sich und andere verletzen kann. Im Stehlen von Gegenständen hat sie ein unglaublich blitzschnelles Geschick, sie übertrickst jeden. Sie nimmt alles wie »unsichtbar« an sich, um es später im Bett, unbeaufsichtigt, in spitze Teile zu zerkleinern und sich damit zu verletzen. Angeblich hat sie in einer früheren Einrichtung einer Mitpatientin ein Auge ausgestochen. Sie verletzt ständig sich und andere erheblich, nichts ist vor ihr sicher, sie kann z. B. aus dem Plastikverschluß einer Limoflasche nadelscharfe Pfeile schnippeln oder z. B. jetzt hat sie einer Mitpatientin die Sandalen ausgezogen und sich mit den Schnallen alle Fuß- und Fingernägel ausgehobelt. Sie muß meist in einem Einzelzimmer isoliert untergebracht sein, was schrecklich für sie ist, da sie so auf Kontakt angewiesen ist; aber es ist völlig unmöglich, sie z. B. an einen Stuhl zu fixieren, damit sie »dabei sein« könnte, denn eine Fixierung macht ihr wahnsinnige Angst, es ist eine Folter für sie, Versuche in dieser Richtung waren entsetzlich. So kommt es, daß ihr extra ein Einzelzimmer, genannt »Séparée«, zur Verfügung steht. Auch Leibesvisitationen nach einem Aufenthalt in den gemeinschaftlichen Räumen helfen nur begrenzt, sie wird doch am nächsten Morgen im Bett mit Verletzungen gefunden: Sie ist beleibt und sehr geschickt darin, zerkleinerbare Gegenstände an ihrem Körper, auch in Körperöffnungen verschwinden zu lassen. Wird sie plötzlich ruhig und still, wirkt sie zufrieden, wissen wir, daß sie etwas an sich gebracht hat und in Vorfreude ist, des Nachts im Bett etwas Zerreißen zu können, häufig ist es auch nur ein Stück Stoff, ein Waschlappen. Sie kann einen kompletten Waschlappen im Mund verbergen, man sieht es überhaupt nicht, es fällt nur nach einer Weile auf, wenn sie plötzlich nichts mehr spricht. Die Heimlichkeit des Klauens und des Zerreißens aber ist das eigentlich befriedigende: wir haben ihr z. B. einen ganzen Satz Waschlappen zum Zerreißen geschenkt, den sie dann als ihr Eigentum betrachtet und keinen einzigen zerreißt. Es ist ein Teufelskreis: Aufgrund der Selbst- und Fremdgefährdung muß Frau Jung eingesperrt, teils isoliert werden, dies erhöht ihre Anspannung, was wiederum ihren »Schnippelzwang« verstärkt. Wenn man draußen im Park mit ihr herumläuft, wird sie vergnügt, heiter, entspannt. Als eine Betreuerin sie zu einem Besuch mit sich nach Hause nimmt, hält sie, neugierig »wie eine Elster« alles inspizierend, voller Energie und Tatendrang, in vornübergebeugter Haltung konstant die Hände auf dem Rücken verschränkt, um bloß der Versuchung zu widerstehen, spitze Dinge oder sonstiges zu stehlen.

Zwei Jahre Wohngruppe: Frau Jung ist eine der zwei Frauen, die andere ist Loni Rüb, bei der sich überhaupt keine Verbesserung einstellt, im Gegenteil, sie wird depressiver. Sie hat viel Angst, sie weint viel, glaubt oft, wir wollten alle, daß sie stirbt. Sie hat paranoide Ängste. Gibt es verstehbare, mit der Veränderung selbst zusammenhängende Gründe? Wir wissen es nicht. Aber eine Betreuerin, an der sie sehr hing, war für sie plötzlich nicht mehr da, da diese in der »Gruppe unten« arbeitet. Vielleicht hat sie damit erneut ein Stück »Heimat« verloren. Dazu kommt ja noch, daß die bisher gewohnten Lebensumstände auch ganz anders sind.

Andrea Kretschmer ist ca. 35 Jahre alt, von kräftiger Statur, dunkelhaarig. Sie war im Verlauf der letzten langen Jahre sehr viel »schlechter« geworden, ganz früher konnte man mit ihr noch in die Cafeteria gehen, gelegentlich konnte man sie in den Festsaal mitnehmen. Zur Zeit der Gruppenbildung liegt sie am allerliebsten in ihrem Bett, fixiert, die Decke über den Kopf gezogen, dann wiegt sie sich oft leise und summt, ist entspannt, in sich versunken. So scheint sie die Welt aushalten zu können. Im Kontakt mit anderen wird sie sehr schnell gereizt, aggressiv. Sie hat ungeahnte Kräfte: wenn sie hoch aggressiv ist, ist sie in der Lage, mit vollständigen Fixierungen, sprich fixiert an Beinen, Armen, Bauch, durch Körperbewegungen mit dem gesamten schweren Eisenbett im Zimmer hin und her zu hüpfen. Ihr Bett ist von daher fest im Boden verankert. Im Aufenthaltsraum muß sie wegen eruptiver aggressiver Fremdgefährdung am Stuhl fixiert sein, was meist nur kurz möglich ist, da sie bald mit entsetzlich lauter Stimme brüllt und sich so aus den Fixierungen »abseilt«, daß die Arme schwarz werden und Strangulierungsgefahr besteht. Von daher wird sie meist fixiert in ihrem Bett »aufbewahrt«.

Zwei Jahre Wohngruppe: Schon immer badet sie gerne, was sie in der Wohngruppe dann auch jeden Morgen darf, sie riecht gerne die Seife, vor allen Dingen muß das Wasser furchtbar heiß sein, je heißer es ist, um so wohler fühlt sie sich, beim Baden aalt sie sich. Anschließend geht sie am liebsten ins Bett, wenn man ihr ein Unterhemd hinhält, kann man schon mal ein paar geknallt kriegen, reicht man ihr den Schlafanzug, passiert das schon weniger. Ihr Wille nach dem Bett wird dann dosiert erfüllt, es wird von uns ein Rhythmus mit einem verläßlichem Wechsel zwischen Bett und Wohnraum über den Tag verteilt hergestellt, was ihr offensichtlich gut bekommt. Manchmal verabschiedet sie sich mit einem Handküßchen zum Schlafengehen. Wenn sie früher als im Rhythmus aus dem Wohnraum ins Bett will, kann es vorkommen, daß ihre Aggressionen nicht blindlings ungerichtet in alle Richtungen gehen, sonder daß sie darauf achtet, die näher kommende Betreuungsperson nicht zu verletzen. Man könnte vielleicht meinen, eine Lösung sei, die so gequälte Frau weitgehend ihrem Bett zu überlassen, aber die Erfahrung zeigte, daß es dann schlimmer wird, und daß ihr das stückchenweise gewaltsame Herausgezerrtwerden aus der autistischen Isolation ein soziales Leben erleichtert: Sie kann gelegentlich zum Essen an den Tisch geholt werden, dabei tut es ihr gut, wenn jemand hinter ihr steht und sie am Hals massiert. Als sie zum Geburtstag einen großen roten Elefanten geschenkt bekommt, freut sie sich über ihn! Sie nimmt sofort den Elefanten, knutscht und küßt ihn, lacht ihn an. Im weiteren Verlauf wird sie überhaupt ruhiger. Sie stellt Tassen und Teller nach dem Frühstück bzw. nach den Mahlzeiten ordentlich auf den Wagen zurück!

Loni Rüb ist 24 Jahre alt, sie hat dunkle blaue Augen in einem blassen, ovalen Gesicht, kleine Aknenarben am Kinn. Sie ist schlank, muskulös, die dichten Haare fallen lang, rotblond, lockig auf die Schultern.

Ihre geistige Behinderung ist die Folge eines Impfschadens. Sie ist eine relativ differenzierte Persönlichkeit, sie versteht viel, sie kann logisch denken. »Was passiert, wenn Du jetzt ohne Jacke rausgehst?« »Dann muß ich frieren.« Unter geeigneten Umständen kann sie Musik zuhören, manchmal mag sie dazu tanzen. Sie malt gerne, drückt durch Malen auch Stimmungen aus, über die sie gelegentlich sprechen kann. Das schwierige ist, daß sie »aus dem Nichts« heraus, zumindest ohne Vorankündigung oder erkennbaren Anlaß, blitzschnell brutale körperliche Fremdverletzungen durchführt. Am liebsten beißt sie Frauen in die Brust. Sie entreißt eine gefüllte Kaffekanne und haut sie der Nachbarin über den Kopf. Oder sie schlägt blindwütig mit voller Kraft zu. Meist zeichnet sich das durch eine zunehmende Anspannung ab und kann so abgewendet werden. Es kann aber auch aus einem Augenblick bester Stimmung heraus passieren, deshalb sitzt man in körperlicher Nähe von Frau Rüb immer so auf einer »Sprungfeder«.

Wenn Frau R. in der Fixierung liegt, ist mit ihr meist gut zu klären, ob sie losgebunden werden kann, man merkt dies schon am Ton: wenn sie kurz, knapp und bündig auf die Frage »Loni, kann ich Dich losmachen?« mit »ja« antwortet, ist die Situation gut und man kann Frau Rüb aufstehen lassen. Antwortet sie leicht zögernd mit »ja«, geht es auch, aber man muß sie sehr gut unter Beobachtung halten; antwortet sie erst nach mehrmaligem Fragen und dann ganz langsam mit »ja«, sollte sie besser fixiert im Bett bleiben.

Sie hat zwei unterschiedliche Stimmen: eine klare, helle Frauenstimme, mit der sie üblicherweise spricht, und eine tiefe, rauhe Männerstimme, meist dann, wenn sie angespannt ist. Sie hat eine Art Liebesbeziehung, sexuellen Kontakt, so mutmaßen wir, mit einer Mitpatientin, sie weint sehr und ist angespannt, als diese aus der Abteilung verlegt werden muß, da sie nur als »Akutpatientin« vorübergehend stationär behandelt wurde. Frau R. liebt den Vater sehr; so kann sie z. B. morgens noch in solcher Verfassung sein, daß sie im Bett fixiert werden muß, hoch aggressiv und gespannt, und nachmittags, wenn der Vater kommt, kann sie dann ganz gepflegt und ihn Ruhe in einem Lokal mit ihm essen gehen.

In Anspannung und Wut kotet sie in ihrem Bett und Zimmer umher, darauf angesprochen antwortet sie z. B. mit: »ach, Mensch, laß das, hör auf.« Nochmals darauf angesprochen mit: »ach, du blöde Kuh, laß mich.« Auf die Frage, warum sie z. B. Helga geschlagen habe, lächelt Frau R., die sei »so blöd«. In entspannter Stimmung kann man ins Gespräch mit ihr kommen darüber, was sie so beschäftigt: »Frauen, die keinen Busen oder einen kleinen Busen haben, sollen wenig essen.« »Zuhause habe ich einen Hund.« »Warum kommen die Tage rückwärts, warum kommt unten Blut raus?« »Warum schreit die Christa, ich hau ihr ein Loch in den Kopf!« »Warum liege ich im Bett, darf ich wieder aufstehen, wann denn?« Eine Betreuerin, die den DLRG-Schein hat, nimmt sie manchmal mit in das Schwimmbad, sie nimmt sie zwischen sich und den Beckenrand, so kann sie auch sehen, wann Frau Jung ermüdet und mit ihr dann zum Rand schwimmen.

Zwei Jahre Wohngruppe: Frau Rüb gehört mit Frau Jung zu den beiden Frauen, die durch die Veränderungen keine Verbesserung ihrer inneren Lebensqualität erzielen konnten. Anfangs macht sie eine »Rekordkurve« nach oben, wird entspannt, sie kann z. B. fast jeden Morgen eine gute halbe Stunde für sich im Bad gelassen werden, was sie so genießt, sie kann häufig frei umherlaufen, in ihrem Einzelzimmer weitgehend unfixiert sein. Puppen, Radio, Bilder und alles bleiben unzerstört. Sie malt viel, ist im Kontakt, kommt z. B. und fragt »darf ich Mittagschläfchen machen?« Sie lächelt und lacht. Sie legt auf ihre Kleidung und auf Sauberkeit Wert. Sie kann ganz »normal« traurig sein, wenn z. B. die Eltern über mehrere Wochen in Urlaub fahren bzw. sie nicht besuchen können, ohne aggressiv »auszuflippen«. Dann, ohne einen erkennbaren Anlaß, für uns nicht verstehbar, gleitet sie nach einigen Monaten innerhalb weniger Tage in ihre alte, unberechenbare aggressive Anspannung zurück, weder durch betreuende, psychologische, ärztliche, soziale Maßnahmen korrigierbar. Sie erreicht zwar nicht wieder ihr vorheriges Niveau an Anspannung und Aggressivität, hat im Gegenteil, im Vergleich zu früher, häufiger freundliche Phasen, aber eine merkwürdige

Schwierigkeit ist dazugekommen: man merkt es ihr meist überhaupt nicht mehr an, wann sie blitzschnell eruptiv losbeißt oder schlägt, sie ist jetzt völlig unberechenbar, zuvor ließ sie sich erheblich besser einschätzen.

Beate Starmann ist ca. 30 Jahre alt, klein, zierlich, die Figur und Größe eines achtjährigen Mädchens, dabei körperlich verwachsen, es handelt sich allein um Fixierungsfolgen: sie ist so autoaggressiv, sie hat sich schon vor Jahren beide Augen blind geschlagen. Es mußten ihr alle Zähne gezogen werden, da sie sich sonst zerbiß. Sie saß früher immer, fixiert an Händen, Füßen, Bauch, auf einem Sessel, den Rücken und den Kopf gepolstert, den Hals krausiert, um sie vor sich selbst zu schützen. Sie hat oft pausenlos und tagelang, nächtelang geschrieen. Das hat sich im Verlauf der Jahre bereits erheblich gebessert, häufig kann sie sich frei im Raum umher bewegen, in einer Zwangsjacke (es gibt rechtlich keine Zwangsjacken mehr, für Frau S. wurde eine Sondergenehmigung erteilt, um ihr überhaupt das Umherlaufen zu ermöglichen). Manchmal benötigt sie als Schutz lediglich die Halskrause, damit sie sich nicht den Kopf aufschlägt; versucht man, ihr auch die Halskrause abzunehmen, bekommt sie sichtlich große Angst. Sie ist schnell wie ein »Wiesel«, wirkt oft depressiv, aber manchmal wie ein Schelm.

Wenn sie sich körperlich verletzt, scheint ihr das keine Schmerzen zu machen, spricht man aber ein strenges Wort mit ihr oder wirft man ihr einen strengen Blick zu, so weint sie. Sie verfügt über mehr geistige Kapazität, als man ihr auf den ersten Blick zutraut, sie versteht nämlich sehr viel, und nahen, vertrauten Bezugspersonen kann sie durch Handzeichen ihre wesentlichen Bedürfnisse verständlich machen. Sie badet unheimlich gerne, baden entspannt sie. Sie liebt Musik, singt manchmal mit. Sie ißt nur, was ihr schmeckt und hört auch auf zu essen, wenn sie satt ist. Einzelne Worte kann sie aussprechen, z. B. »Bonbon«, »Banane«, »Heija«, »Eis«, »Schokolade«, »will fixiert werden.«

Durch ihre Autoaggression bzw. durch die notwendigen Schutzmaßnahmen ist ihr Lebensraum viel kleiner, als es ihren Leistungs- und Erlebnismöglichkeiten entspricht. Gelegentlich, je nach Verfassung und wenn genügend Aufsicht möglich ist, kann sie auf einen Spaziergang im Gelände mitgenommen werden, draußen kann sie so abgelenkt und interessiert sein, daß sie sich nichts tut. Sie lacht dabei manchmal.

Zwei Jahre Wohngruppe: Sie badet so gerne, sie kann jeden Tag baden, manchmal zweimal, sie entspannt sich dabei. Sie schmiert sich gern Seife in das Haar. Sie macht aus Daumen und Zeigefinger einen Kringel, durch den sie den Wasserstrahl laufen läßt, das spürt sie so gerne, liebt es die ganze Zeit beim Baden, den warmen Wasserstrahl so in der Hand zu fühlen. In der Badewanne geht es ihr gut, aber sie kann doch nicht unablässig baden. Sie hört viel Radio, hat eines zum Geburtstag geschenkt bekommen. Sie kann sich ihre Sachen selbst anziehen, wenn jemand neben ihr steht und ihr sie anreicht; sie kann mit zum Spazieren und in die Cafeteria gehen. Sie verweigert jetzt einfach abends das verhaßte Brot und erhält den geliebten Brei; wenn sich jemand direkt neben sie setzt, ißt sie gelegentlich selbst. Sie ist nicht mehr so abgemagert, hat Busen und »Po« bekommen. Nachts aber liegt sie oft wach und knallt den Kopf pausenlos links und rechts fest auf die Matratze.

»Gruppe Rechts«

Daniela Berg ist eine mongoloide Frau, inzwischen sechzig Jahre und daher ein »medizinisches Wunder«. Sie ist klein, freundlich, »kugelig«, gerne im Kontakt. Sie ist in ihrem ganzen Wesen sympathisch, hat Witz. Frau B. hat eine zärtliche Beziehung mit Frau Konik, sie fassen sich an den Händen, holen sich füreinander einen Stuhl an den Tisch, setzen sich nebeneinander. Frau B. ist lebenspraktisch in weiten Bereichen selbständig. Sie ist oft nachts wach, reagiert stark auf Vollmond, sie sortiert dann nachts ihre Sachen, z. B. ihre Kleider im Schrank.

Zwei Jahre Wohngruppe: Zuvor kannte man ihre Stimme nicht, jetzt spricht sie, kleine, einfache Worte, sie sagt mit überraschend tiefer Stimme: »genug jetzt« oder »hör auf«, das erste, was sie sagte, war »danke« morgens im Bad, als die Betreuerin ihr half, den BH zuzumachen. Sie räumt Geschirr weg, sie meldet sich, wenn sie Hilfe, z. B. beim Ankleiden haben will, sagt dann »hei«. Wenn man ihr nicht nachkommt, macht sie es selbst. Sie räumt ihre getragenen bzw. schmutzigen Sachen selbst in den Schmutzraum; das hätte sie wahrscheinlich zuvor auch schon gekonnt, aber dazu gab es die Gelegenheiten nicht. Sie lacht morgens und reibt sich die Haare, klopft manchmal einer Betreuerin, schelmenhaft, wohl wissend, daß dies ein kleiner Übergriff ist, auf den Podex und vergnügt sich köstlich dabei.

Lisa Berlau wurde als elftes Kind geboren, die Mutter starb in der Nacht der Geburt. Angeblich schämte sich die Familie der offensichtlichen Behinderung der Neugeborenen, fürchtete wohl den Spott der kleinen dörflichen Gemeinschaft, so daß sie versteckt wurde, vor den Augen der anderen verborgen, in einem kleinen Holzverschlag. Frau B. kann ihren Körper, ihre Beine in alle möglichen Richtungen problemlos verdrehen, sie ist »wie aus Gummi«. Der Legende zufolge wurde sie oft so beengt »aufbewahrt«, daß der Ort dem wachsenden Körper nicht genügend Platz bot und der Körper sich an unmögliche Stellungen hätte gewöhnen müssen. Sie wurde als Zehnjährige aufgenommen, verdreckt, verwahrlost, autistisch, verängstigt, autoaggressiv. Sie hat nur um sich geschlagen.

Heute ist sie 25 Jahre, im Verlauf der Zeit wurde sie ruhiger, fühlt sich lange nicht mehr in diesem Ausmaß gequält. Aber sie schlägt viel, auch sich selbst, haut sich mit dem Kopf auf die Heizung. Sie ist autistisch in sich zurückgezogen, wobei sie aber deutliche Unterschiede zwischen den Betreuungspersonen macht, auf einige wenige reagiert sie etwas; spätestens ein Schüler, ihr unvertraut, kann überhaupt nichts ausrichten. Und zu der »Mitpatientin« Frau M., die sich mütterlich zärtlich um sie kümmert, hat sie sichtlich einen emotionalen Bezug. Sie genießt es und läßt es zu, von ihr gestreichelt zu werden. Lebenspraktisch ist sie vollständig unselbständig. Sie scheint wenig um sich herum zu verstehen.

Zwei Jahre Wohngruppe: Sie schlägt überhaupt nicht mehr, auch die Autoaggression ist weniger geworden. Sie ist viel ruhiger, schaukelt nicht mehr so heftig stereotyp hin und her. Sie versteht mehr um sich herum, sie hat sich einen Überblick über die Abläufe angeeignet und will sich auf diese einlassen. So steht sie plötzlich eines morgens, als sie tatsächlich an der Reihe ist, an der Badezimmertür, mit einem Blick, als wolle sie sagen »hier bin ich, ich bin doch jetzt dran.« Das behält sie bei. Manchmal zieht sie ihren Schlafanzug aus, wenn sie merkt, daß sie an die Reihe kommt. Sie räumt inzwischen selbständig, ohne Aufforderung, ihr Geschirr nach den Mahlzeiten auf den Servierwagen. Wenn sie früher auf die Toilette wollte und die Tür geschlossen war, stand sie einfach nur davor, jetzt kann man ihr sagen »Tür aufmachen«, sie macht die Tür auf. Sie achtet auf sich, kommt nach der Toilette, möchte die Hose ordentlich angezogen haben. Und sie kommt überhaupt öfter mal, wenn sie etwas will, sie holt sich aktiv Hilfestellung. Einfachen Aufforderungen kommt sie nach, z. B. einen Stuhl zum Tisch holen. Sie geht bei Spaziergängen auf dem Gelände mit, stufenweise erarbeitet, erst bis zum Nachbarhaus, dann noch ein Stückchen weiter etc. Zu Beginn hatte sie große Angst, klammerte sich an der Hand fest, jetzt läuft sie schon mal alleine ein Stückchen vor.

Elke Döhn ist etwa 1950 geboren. Sie kam vor ca. 15 Jahren. Sie ist groß, kräftig, dunkelhaarig, etwas schwerfällig, unbeholfen, ein breites Gesicht mit einem vollen, schiefen Mund. Sie stammt aus einem kleinen Ort, lebte zuvor bei den Eltern, wurde aber im Lauf der Zeit nicht mehr tragbar, tyrannisierte alle, zertrampelte Hühner. Die Eltern erzählten, sie hätte nur noch »das Ekel rausgehängt«. Sie schlug und kratzte ihre Mutter, holte das Geschirr aus dem Schrank und zertrümmerte es. Als Kind fuhr sie mit dem Vater auf's Feld, verstand sich mit dem Hund und dem Pferd gut, sei frei in der Gegend herumgelaufen, habe häufig Nachbarn besucht, sei in der Dorfgaststätte eingekehrt und habe da gern Bier getrunken.

Als sie kam, war sie »auf Abwehr« gegen alles, fühlte sich verständlicherweise eingesperrt, wurde boshaft, gewöhnte sich vor allem an, jeden zu kratzen. Obwohl ihr die Fingernägel so kurz wie möglich geschnitten werden, gelingt es ihr bei fast allen, inklusive Betreuungspersonen, rillenhafte Narben auf der Haut zu hinterlassen, im Kratzen ist sie clever und schnell, ihre Kratzspuren führen zu Infektionen. Es reicht nicht, sie nachts am Bauchgurt zu fixieren, Versuche in dieser Richtung enden damit, daß am nächsten Morgen die anderen Frauen im Schlafzimmer zerkratzt sind, da es ihr irgendwie gelingt, die Festsstellhebel am Bett zu lösen und sich mit dem Bett umherzubewegen. Tags muß sie am Stuhl fixiert sein, jeder macht einen weiten Bogen um sie, sonst kratzt es.

Nach anfänglich schwierigen Kontakten mit den Eltern kommen diese dann gern und regelmäßig, bringen ihr deftige Sachen zum Essen mit, Frau D. liebt Tomaten mit Zwiebeln, saure Sachen mit Pfeffer, eingelegte Heringe. Wenn die Eltern kommen, freut sich Frau D., sie kann sich zusammennehmen, kratzt nicht. Ansonsten verbringt sie ihre Zeit fixiert auf dem Stuhl, gierig auf Habachtstellung, ob jemand so nah kommt, daß sie kratzen kann.

Zwei Jahre Wohngruppe: Sie kratzt immer noch, aber erheblich weniger. Meist ist es ungefährlich möglich, sich in ihrer Reichweite aufzuhalten. Sie zieht sich teilweise allein an und aus, wenn man neben ihr steht und freundlich die einzelnen Schritte ansagt. Nachts ist sie nur noch am Bauchgurt fixiert. Dennoch ist sie im gesamten, gemessen an ihrem früheren Lebenswandel, uninteressiert und irgendwie dumpf. Aber: Einige Jahre später, als ich der Gruppe einen privaten Freundschaftsbesuch abstatte, erscheint, als ich in der Küche sitze, eine aparte und gepflegte Frau, mit fast eleganten Bewegungen, die beim Betreten der Küche freundlich zu uns in die Runde lächelt, zum Kühlschrank geht, sorgsam eine Flasche Limo herausholt, sich ein Glas holt und einschenkt, die Flasche wieder verschließt und zurückstellt, und, freundlich uns zunickend, mitsamt Glas davongeht, wie das normalste auf der Welt. Ich dachte, ich sehe nicht richtig, aber es war tatsächlich Frau D., die ich erinnerte als etwas unappetitlich wirkend, dröge, kratzend, fixiert im Stuhl.

Astrid Galbas ist 40 Jahre alt, seit 20 Jahren »da«, aus der Zeit zuvor ist nichts bekannt. Sie ist klein, zierlich, sehr dünn, kränklich, eine schlechte Esserin. Sie hat körperliche Fehlbildungen, die durch Fixierungsfolgen verstärkt sind. Das Besondere an ihr ist eine eindrucksvolle Augensprache, sie kann mit den Augen sprechen, wer sie kennt, versteht, was sie mit den Augen sagen will. Sie kann vorwurfsvoll, fragend, aufmerksam, aufgeregt und auch fordernd gucken, kann Wünsche und Abneigungen, Freude, Hunger, Ärger, ihre Stimmung mit den Augen zeigen. Es scheint, daß sie klare, innere Vorstellungen hat, was sie haben und nicht haben will. Durch ihre Augen entsteht auch die Beziehung, man wird durch die Augen berührt. Sie ist sehr autoaggressiv, sie muß nachts an allen vier Extremitäten und am Bauch fixiert sein, sonst verletzt sie sich. Tagsüber muß sie meist, zumindest, wenn sie nicht genügend beaufsichtigt werden kann, fixiert werden. Grundsätzlich muß sie eine »Halskrause« tragen, da sie sich sonst den Kopf aufschlägt. Sie ist in sich gekehrt, sozial ängstlich, zurückhaltend. Sie hält sich so gern im Freien auf, im Sommer steht sie ungeduldig an der Tür und kann es kaum abwarten, in den Garten zu gelangen. Sie braucht viel Bewegungsraum, in geschlossenen Räumen fühlt sie sich offensichtlich eingeengt.

Zwei Jahre Wohngruppe: Nachts locker an einer Hand fixiert, tags völlig frei und unfixiert; die Halskrause muß nur in Sichtweite sein, sonst hat sie Angst. Wenn es ihr schlecht geht, besteht sie auf der Halskrause. Sie wird »frecher«, spontaner, freier, klaut manchmal jemandem das Essen weg, drängt auch mal jemandem vom Sessel. Sie entwickelt mehr Willen. Sie wendet sich an eine Betreuerin, wenn sie etwas möchte.

Helga Konik kam vor zwanzig Jahren, zusammen mit Frau Berg, aus einer anderen Einrichtung, die beiden Frauen haben bis heute eine Freundschaft miteinander. Frau K. ist knapp über fünfzig, recht groß und schmal, sie hat immer einen auffallend geblähten Bauch. Sie geht leicht vornübergebeugt mit kleinen, unbeholfenen Schritten. Sie hat blaue Augen und kinnlang geschnittene mittelblonde Haare, im Gesicht wirkt sie viel jünger. Sie hat ein freundliches Wesen, aber sie ist stur, wenn sie etwas nicht will, bleibt sie einfach »wie angewachsen« stehen, sie hat, obwohl zartgliedrig gebaut, eine große Kraft, sie ist dann nicht zu bewegen. Sie ist weitgehend unselbständig.

Zwei Jahre Wohngruppe: Sie hat sich schon immer – von massiven Anfangsschwierigkeiten vor vielen Jahren abgesehen – recht wohl auf der Abteilung gefühlt, aber sie wird noch etwas lebendiger, auch »bockiger«. Sie spürt mehr ihre Wünsche, wenn sie etwas nicht essen mag, läßt sie es liegen, zuvor hat sie alles wahllos in sich hineingestopft. Sie bevorzugt solche Leute, die mit ihr besser zurecht kommen. Sie geht abends nicht mehr ins Bett, ohne ihr Püppchen zu haben, holt es sich auch selber, legt es zu sich ins Bett. Sie kommt mehr auf uns zu, interessiert sich, sie möchte auch beteiligt sein. Sie kann nicht sprechen, sie lernt mehr, ihre Gesichtsmimik in der Kommunikation einzusetzen. Sie hat jetzt ein Regal, von dem sie weiß, daß es ihres ist. Dort steht ein kleines Radio, das sie gerne hört. Frau K. betrachtet manchmal ihr Regal, sie faßt es mit den Händen an, streicht hin und her. Dort sitzen ihr Püppchen und der geliebte kleine Affe.

Doris Mehlhorn erscheint als vornehm und zierlich wirkende ältere Dame, rüstig, mittelgroß, die weißen Haare stets zu einem vollen Knoten im Nacken gebunden, ein zartes, rosiges Gesicht, blaue Augen, scheu. Frau M. lebte, bis sie 54 Jahre alt war, bei ihrem Vater und führte ihm den Haushalt, er kümmerte sich darum, daß es ihr an nichts fehlte, bis ihre Verwirrtheit zunahm und der Vater, dann weit in den Siebzigern, den nötigen Schutz nicht mehr gewähren konnte; verschiedene stationäre Aufenthalte mündeten in einem Daueraufenthalt. Anfangs nahm sie überhaupt keinen Kontakt auf. Da sie immer wieder weglief, einmal im Hochsommer drei Tage lang gesucht und dann im Wald mit schwerem Sonnenbrand und sonstigen Verletzungen gefunden wurde, mußte sie geschlossen untergebracht werden.

Inzwischen will sie die Abteilung seit vielen Jahren nicht mehr verlassen, sie betritt freiwillig nur noch den Garten, in dem sie unter Anleitung auf ihren eigenen Wunsch hin eine Blumenrabatte pflegt, manchmal kommt es allerdings vor, daß sie anstelle des Unkrautes die Blumen herausreißt, was man dann dringend vor ihr verheimlichen muß, da sie sonst todunglücklic ist. Sie legt großen Wert darauf, kleinere Haushaltsarbeiten übernehmen zu dürfen, zeigt aber auf ihre freundlich distanzierte Weise auch nur eine begrenzte Bereitschaft, denn: sie befindet sich, hier ist ihre Auffassung unverrückbar, chronisch in einem Sommerurlaub in Italien, so hat sie offensichtlich ihr Problem der stationären Dauerunterbringung gelöst. Und wie im Urlaub sitzt sie gerne bequem herum und blättert in Zeitschriften, damit kann sie Stunden verbringen. Sie kann ein bißchen lesen und schreiben. Bei ihrer zweiten Lieblingsbeschäftigung, der »Hausarbeit«, hat sie einen regelrechten Ordnungstick. Sie liebt sehr die Blumen und die Pflanzen, sie gießt sie, gibt dem Vogel Futter. Sie hat eine intensive mütterliche Beziehung zu Lisa Berlau hergestellt, die im Alter fast ihre Enkelin sein könnte, sich auf die mütterliche Versorgung von Frau Mehlhorn einläßt, offensichtlich in Beziehung mit ihr ist, obwohl sie sonst völlig autistisch ist! Frau M. paßt auf, daß Frau B. genügend Aufmerksamkeit von uns bekommt, kümmert sich um sie, streichelt sie, und Frau B. kann bei ihr diese Zärtlichkeiten annehmen. Wenn Frau B. krank ist, »wacht« Frau M. darüber, daß sie gut versorgt wird, bringt ihr manchmal das Essen, setzt sich neben sie, wartet, bis sie mit dem Essen fertig ist, streichelt ihren Arm. Später, als sie dann auf dem Gelände in die Cafeteria geht, bringt sie ihr immer etwas mit.

Zwei Jahre Wohngruppe: Sie ist nicht mehr ganz so scheu, zwar weiterhin unglaublich höflich und freundlich, kann einem aber besser »entgegentreten«, sich mehr einbringen, verhandeln, kann sich besser äußern. Sie ist schon immer sehr integriert, jetzt erweitert sich ihr Aktionsradius mehr, auch ihre Abgrenzungen, ihre Wünsche. Sie kann »nein« sagen. Dabei wissen wir gerade bei ihr nicht so genau, ob sie sich wirklich verändert hat, oder ob sie sich jetzt mehr zeigen kann, da mehr »Raum« ist, wir haben mehr Gelegenheit, uns auf die Interaktion mit ihr einzulassen, es gibt mehr Variationsspielraum, früher ist sie auch schneller »abgeblitzt«. Aber sie verläßt jetzt auch freiwillig die Abteilung und den Garten, geht mit auf Spaziergänge, auf Festlichkeiten im Gelände, zuvor hat sie spätestens am Gartentor aus Angst und Ärger erbrochen.

Claudia Vers lebte, schwer geistig behindert auf die Welt gekommen, im Elternhaus, bis sie 14 Jahre alt war, zunehmend aggressiv wurde, dann eine jüngere Schwester (drei Geschwister) lebensgefährlich würgte; sie mußte aus familiären Sicherheitsgründen in »die Anstalt«. Dies war vor zwanzig Jahren.

Zuerst war sie relativ ruhig. Dann fing sie an, nach allen Seiten zu treten, mit dem Kopf zu schlagen. Frau Vers ist mittelgroß, kräftig, aschblonde

Haare, ihr Gesicht erinnert an den vollen Mond. Sie hat Riesenkräfte, sie hat z. B. ein ganzes Eisenbett demoliert und aus dem schmalen Seitenfenster bis auf den Sprungrahmen hinausgeschmissen. Trotz Fixierung gelang es ihr, sich mit dem Bett hüpfend vorwärts zu bewegen und mit Knien und Kopf nach Betreuungspersonen zu schlagen. Sie war nach allen Seiten blindlings aggressiv; das hatte aber bereits seit vielen Jahren nachgelassen. Phasenweise war sie dann auch so entspannt und ruhig, daß sie sich ohne Fixierung frei bewegen konnte. Aber in den letzten Jahren bleibt sie so unberechenbar, daß sie tagsüber auf einem Stuhl (nachts sowieso fest im Bett) fixiert werden muß, sie schmeißt sonst eruptiv und wieselschnell mit z. B. Blumentöpfen, schweren Gegenständen, verletzt andere.

Sie hält sich am liebsten im Bett auf, führt sich den Finger in den Hals, evoziert so lange würgendes Erbrechen, bis sie ihr Ziel erreicht hat und zu Bett gebracht wird. Um dieses ersehnte Ziel zu erreichen, verwendet sie folgende Reihenfolge: Erst Brüllen, dann Erbrechen, dann Einnässen, dann mit dem Stuhl randalieren und hüpfen. Dabei guckt sie herausfordernd zu einem rüber mit der Frage im Blick »und nun?«

Nach zwei Jahren Wohngruppe: Sie ist weicher, zugänglicher, lacht öfter. Sie ist, je nach Verfassung, aber häufig tagsüber unfixiert, sie läuft gerne herum, manchmal stellt sie sich vor den Vogelkäfig, lacht. Sie hält Blickkontakt. Sie spricht die Namen der Betreuerinnen aus, sie hat vorher nie gesprochen, wir kannten ihre Stimme nur vom Brüllen. Sie zerreißt auch keine Klamotten mehr (zuvor führte dies oft dazu, daß sie nackt auf dem Sessel fixiert war, da sie sich sonst bald strangulierte, in dem Versuch, aus der Fixierung herauszukommen, um die Kleidung zu zerreißen). Da sie auch ihre Schuhe nicht mehr zerreißt, kann sie die dringend notwendigen, aber teuren orthopädischen Schuhe erhalten, (aufgrund der Dauerfixierungen sind ihre Füße deformiert), so daß sie jetzt zum Spazierengehen mitgenommen werden kann. Nachts war sie zuvor an allen vier Extremitäten und am Bauch fixiert, jetzt locker an einer Hand. Sie zieht sich selber die Schuhe an, sie wäscht sich die Hände, sie geht von sich aus auf die Toilette, sie zieht sich abends allein aus. Sie macht sich bemerkbar, wenn was ist.

4. Veränderungsprozesse

4.1 Zwischen Theorie und Praxis

Im Rahmen des theorieorientierten Teils (vgl. o.) waren wir, der Tradition des symbolischen Interaktionismus folgend, der Idee nachgegangen, soziale Kommunikation als Ich-Identität, d. h. als mehr oder weniger gelungene Integration von individuellen Bedürfnissen und, einfach gesprochen, sozialen Anforderungen zu betrachten. Mit Bezug auf Goffman und Habermas (vgl. o.) wurde dieser traditionelle Begriff der Ich-Identität erweitert, dies in zweifacher Hinsicht: zum einen, im Rahmen dieser Untersuchung besonders relevant, als Kompetenz der Individuen ein soziales Verstehen, d. h. Rolleninterpretationen und eine eigene Verhaltenskontrolle aufbauen zu können, zum zweiten als kritische Erweiterung, die Individualität und Kommunikation als durch Institutionen potentiell bedrohte Ressourcen anzusehen. Fundamental für dieses Konzept sind die wechselseitigen Abhängigkeiten und Interdependenzen zwischen individuellen und sozialen Konzepten. Sehr repressive Verwahrung korrespondiert, nach »unserer« Theorie, mit fremd- und autoaggressiven Reaktionen der »Insassen«.

Die neu oder verstärkt, im Zuge der Umwandlung der Station, angebotenen Auswahl-, Manipulations- und Handlungsmöglichkeiten (vgl. die oben beschriebenen Interventionen) haben wir, trotz inhaltlicher Überschneidungen, in fünf Bereiche geordnet:

- Neue Entdeckungen der dinglichen Umwelt und Manipulieren der Objektwelt (1)
- Repressive Verwahrung u. aggressive Reaktionen der »Patientinnen« (2)
- Verstärkung der Individualität, d. h. kommunikative Kompetenz (3)
- Körperbezug (4)
- Beziehungen, d. h. Ausprobieren von Gefühlen, Rollen und Kontrolle, Identifikation, einen Platz einnehmen (5)

Zu 1: In diesen »Bereich« fällt die Aneignung der neuen bzw. umgestalteten Räume, ein Entdecken der Dinge, das über die oft ungestüme, zerstörende Aggressivität hinausgeht und mehr emotionale Bindungen zulassen kann. Unter diesem Punkt werden Formen der Identifikation (z. B. Tätigkeiten im Rahmen der Hausarbeit) und, bei einigen geistig behinderten Frauen, differenziertere Formen des Ausprobierens neuer Rollen und emotionaler Beziehungen gefaßt. Von großer Bedeutung für die Ich-Identität ist das Ausfüllen und die Übernahme von verschiedenen Rollen und Positionen im sozialen Leben.

Zu 2: Hier werden unter der zugegeben vereinfachten Polarität repressive Verwahrung und (reaktive) Aggression die Problembereiche der körperlichen Gewalt, der Fixierung und die oft problematische Reduktion von Fixierungen diskutiert.

Zu 3: Unter diesem Punkt haben wir die Beschreibungen zur Entwicklung der Kommunikation, im nichtsprachlichen und im sprachlichen Modus, und der Mobilität zusammengefaßt.

Zu 4: Die Entdeckungen weiblicher Körperlichkeit der behinderten Frauen werden vorgestellt.

Zu 5: In diesem Abschnitt werden die Entwicklung der Beziehungen zwischen den behinderten Frauen, zu den Betreuerinnen sowie die »Genese eines kulturellen Milieus« mit gemeinsamen Mahlzeiten, einer abendlichen »Schwätzrunde« erzählt.

4.2 Entdeckungen in der dinglichen Umwelt

Wir beschreiben in diesem Abschnitt die Eroberung der neuen, »umgestalteten« Welt durch die behinderten Frauen, mit ihren Schwierigkeiten und Erfolgen. Mit der Aneignung der Räume, dem sorgfältigen Umgang mit den Dingen, der sich entwickelnden Eigenständigkeit und dem Ausprobieren von Grenzen differenzieren sich ihre Ausdrucksmöglichkeiten.

Aneignung der Räume

Manchmal ist es erforderlich, daß sich eine Gruppe in den Räumen einer Nachbargruppe aufhalten muß (z. B. bei besonderen Reinigungsarbeiten), es paßt dann allen nicht. Sie warten an der Tür, bereit, zum Rüber- bzw. Runterrennen, alle einen ärgerlichen und »miesen« Gesichtsausdruck. Sobald ihre Tür wieder aufgemacht wird, kommen sie alle ohne

Aufforderung. Die Frauen haben offensichtlich die neuen Wohnräume als ihr Zuhause angenommen. Nur bei Frau Berlau (autistisch, schwerst geistig behindert) ist es leider nicht möglich, ihre Gefühle wahrzunehmen.

Auch wenn sich die »Gruppe unten« kurzfristig in einem der beiden oberen Wohnräume aufhalten muß, setzt sich keine von ihnen hin und wenn, steht sie gleich ungeduldig wieder auf. Einmal hat sich Barbara Godat kein einziges Mal hingesetzt. Sie stehen herum »wie Pik sieben in der Landschaft«.

Eva Kalhor hat anfangs, zu Beginn der neuen Wohnsituation, besondere Schwierigkeiten, sie liegt abends im Bett und weint, sie ist erregt und in ängstlicher Verfassung. Sie erzählt, daß sie Angst davor habe »auszuflippen«, sie wolle doch nicht ausflippen, denn sie habe Angst, wenn sie ausflippe, müsse sie die Gruppe wieder verlassen und »nach oben« (in das obere Stockwerk zurück, wo zuvor alle gemeinsam lebten), das wolle sie nicht (kein Mensch hat so etwas zu ihr gesagt). »Hoffentlich flipp ich nicht aus, daß ich unten bleiben kann.« Eines Abends, es ist Januar, die neue Gruppe besteht jetzt seit vier Wochen, drängt sie darauf rauszugehen. Sie kommt nach ca. 15 Minuten über und über mit Schneeklumpen an den Kleidern und im Haar zurück. Als sie gefragt wird, was denn los gewesen sei, kommt zur Antwort, sie hätte so starke Spannungen gehabt, sie sei so wild gewesen, sie hätte am liebsten laut toben und schreien wollen, dies dürfe sie aber doch nicht, deswegen habe sie wie wild und verrückt im Schnee herum getobt. Jetzt gehe es ihr besser. Sie hat Angst, ob sie für das Gruppenleben genügend Anpassung leisten kann und übt eine starke Selbstkontrolle. Es hat ihr nie jemand gesagt, daß sie bei Fehlverhalten die Gruppe verlassen müsse, aber sie scheint davon auszugehen. Manchmal sitzt sie regungslos da, um bloß nichts falsch zu machen, getraut sich nicht nach einer Zigarette zu fragen, noch nicht mal zu den Zeiten, die mit ihr vereinbart wurden, in denen sie selbstverständlich rauchen kann.

Die Frauen der »Gruppe unten« bilden im Wohnzimmer rasch, innerhalb weniger Wochen, eine mehr oder weniger feste Sitzordnung, unbeeinflußt bzw. unbeabsichtigt von uns. Im Sessel in der Ecke sitzt Barbara Godat, dies ist jetzt ihr »angestammter« Platz. Frau Reinhold und Frau Steen sitzen immer zusammen. Heike Lorenz sitzt immer im Sessel, sie liebt es dabei, die Stehlampe neben ihr anzufassen, die sie offensichtlich sehr interessiert und gerne hat, sie befingert und befühlt sie oft.

Wenn alle im Wohnzimmer sitzen, geht Frau Steen raus, das hält sie nicht aus, ansonsten sitzt sie gerne hier. Im Wohnzimmer fangen die Frauen auch bald an, sich miteinander zu unterhalten, manchmal ist Stimmengewirr, Unterhaltungslärm, so etwas ist völlig neu. Zuvor fand Kontakt nur sporadisch statt, auch bei den beiden »sozial fitteren« Frauen, die tagsüber zur Arbeitstherapie gehen, z. B. Frau Kalhor, die setzte sich zuvor, unter den alten Verwahrbedingungen, nur still und schweigsam in eine Ecke. Im Verlauf der Zeit halten sie ihr Mittagsschläfchen zusammen im Wohnzimmer. Keine will ins Bett. Nur gelegentlich möchte eine hierzu ihr Zimmer aufsuchen, die jetzt in einem wohnlichen Stil, teilweise mit neuen Möbeln, eingerichtet wurden.

Auch die neue Wohnküche, die in der »Gruppe unten« nach einem halben Jahr eingerichtet werden kann, wird sofort von allen akzeptiert. Manchmal wollen sie gar nicht mehr aus der Küche heraus. Morgens nach dem Waschen gehen alle gleich in die Küche, dort helfen sie beim Vorbereiten des Frühstücks. In der Osterzeit, als Frau Reinhold, ständig gierig und von Heißhunger geplagt auf der Suche nach etwas Eßbarem und erstickungsgefährdet, in einwöchigem Urlaub bei den Eltern ist, kann problemlos die Küchentür offen stehen, es kann Obst herumstehen, Süßigkeiten sind unverschlossen im Schrank, im Kühlschrank sind die Lebensmittel, auch der Kuchen von den Feiertagen kann offen stehen gelassen werden. Es gibt Äußerungen wie: »Können wir in der Küche abendessen? Können wir nachher noch ein bißchen sitzen bleiben?« Die blinde Frau Godat kommt in den gesamten Räumlichkeiten der Gruppe bereits nach wenigen Wochen sehr selbständig zurecht. Frau Harbach in der »Gruppe links«, extrem kontaktgestört und spastisch, geht gerne ins Wohnzimmer, sie läuft manchmal zwischen Wohnzimmer und dem vorderen Raum hin und her, sie scheint die Auswahlmöglichkeiten zwischen verschiedenen Räumen zu genießen. Sie läuft gerne herum, geht in den weiteren Räumlichkeiten spazieren. Wenn sie sitzt, ist dies ein Zeichen für Unwohlsein. Marion Dörr, sehr stark behindert und autistisch, sitzt auch manchmal mit im Wohnzimmer, ihr ist ansonsten wenig anzumerken, aber es fällt auf, daß sie von sich aus in das Wohnzimmer geht und sich dort hinsetzt.

Wenn Frau Jung nicht in ihrem Einzelzimmer eingeschlossen ist, was ja möglichst kaum oder selten der Fall sein soll, muß das Wohnzimmer der »Gruppe links« leider verschlossen sein, da sie dort sonst alles in

kleinste Einzelteile zerlegt. Einmal hat Frau Rüb das ganze Wohnzimmer mit Kot beschmiert.
Inzwischen ist auch die Tür zur Toilette auf. Die Frauen können jetzt ohne vorheriges Fragen und Warten selbst auf die Toilette gehen. Es ist dort keine Gefährdung, und wenn es auch nur »sinnloses eimerweises« Wassertrinken ist, was immer wieder vorgekommen ist, mehr zu befürchten.

Sorgfältiger Umgang mit den Dingen

In beiden »Gruppen oben« können die Türen des Wohnraumes zum großem Hausflur, von dem aus das Dienstzimmer, die Küche, die Wäschekammer, die Treppe zum Souterrain, die Haustür erreichbar sind, etwa zur Osterzeit im zweiten Jahr, also nach ca. 16 Monaten, ohne größere Probleme offen stehen. Es bleiben, an diesen Ostertagen, alle Blumensträuße stehen, die Tulpen und Osterglocken.
Es wird überhaupt nichts kaputt gemacht, keine Vase geschmissen. Die Schlafzimmertüren müssen tagsüber allerdings, hauptsächlich wegen Frau Jung, geschlossen bleiben (sie kann aus fast allem scharfe Spitzen machen mit Verletzungsabsichten).
Im Wohnzimmer hat Frau Steen bislang noch nie Kot an die Tischdeckchen geschmiert, sie »schmiert« überhaupt nur noch sehr selten, das kam vor der Gruppenbildung ständig vor. Sie hat neue Dekorationsfiguren, verschiedene Tiergestalten, die im Wohnzimmer auf dem Bord stehen, zur Wand gedreht: Die Ente, die Katze, den Clown. Wir haben den Eindruck, daß sie gerade die Figuren zur Wand gedreht hat, bei denen die Augen deutlich sind. Die Figuren, bei denen das Gesicht nur angedeutet ist, hat sie stehen lassen.
Frau Vers, die sonst alles und zwar wirklich alles zerrissen hat, ist nach etwa eineinhalb Jahren nachts nur noch an einer Hand an einem langen Gurt lose fixiert, sie kann sich also im ganzen Bett bewegen, gelangt an den Nachttisch, auf dem kleine Sachen stehen, sie läßt sogar das Bettuch ganz, sie zerreißt es nicht mehr, so daß sie jetzt ein Laken hat, die Jahre zuvor schlief sie auf einer Hartgummimatte. Zum Geburtstag hat sie zwei kleine Kissen geschenkt bekommen, selbst die sind noch ganz. Sie legt sie sich unter ihren Nacken. Frau Vers zerreißt seit langer Zeit ihre eigenen Sachen nicht mehr, gelegentlich aber die von anderen. Elke Döhn weiß nach einem halben Jahr offensichtlich die Qualität (Lebensqualität) einer

Porzellantasse zu schätzen, diese bleibt wohlbehalten, nachdem sie ausgetrunken ist, aber ein Plastikbecher wird nach wie vor, wie immer, anschließend achtlos weggeworfen.

Wir hatten uns zuvor gefragt: »Wenn sie doch schon all das kaputt machen, nicht beachten können, was ihnen jetzt sparsam angeboten wird, wie können sie dann mit wirklich wertvollen Dingen umgehen? Es ist doch sicher alles sofort kaputt.« Aber die geistig hinderten Frauen wußten die Umstellung von der Verwahrung zum Wohnen fast alle wahrzunehmen, zu schätzen und zu pflegen. Alle beachten innerhalb kurzer Zeit sowohl die Möbelstücke als auch die Verschönerungen wie Bilder an den Wänden, Deckchen auf den Tischen, Schalen, kleine Nippesfiguren. Es ist unglaublich und erstaunlich, aber es wird relativ wenig zerstört.

Es entsteht eine Welt, in der sie ihre Umgebung achten. Dies erzeugt insgesamt eine wesentliche Veränderung des Klimas, der Atmosphäre, in die man sich begibt, wenn man die Abteilung betritt, sogar des Geruchs, der schwer beschreibbare typische Geruch »nach Krankenhaus« ist verschwunden. Auch die Schlafräume sind keine Schlafräume mehr, sondern Schlafzimmer, mit auch privatem Charakter; auch hier wird sehr wenig zerstört. Dabei ist natürlich im Blick zu haben, daß viele Bewohnerinnen nachts, verschieden intensiv, fixiert sind; weitgehend auch deshalb, weil sie selbst darauf bestehen, dies als Sicherheit empfinden. Insgesamt tritt die Atmosphäre einer zwanghaften Kontrolle gegenüber der Atmosphäre einer privaten Geborgenheit zurück. Nach etwa eineinhalb Jahren sind die Türen zwischen Aufenthaltsraum und Gang meistens offen, die Blumen und Topfpflanzen, die hier stehen, bleiben weitgehend unbeschädigt. Die Erfahrung, daß erstaunlicherweise nach solchen Milieuveränderungen vergleichsweise kaum noch zerstört wird, wird auch an anderen Orten bestätigt (Mühle, 1990, S. 48).

Eigenständigkeit

Eigenständigkeit hat die Möglichkeit zur Voraussetzung, selbst Entscheidungen zu treffen, die Notwendigkeit der Erfahrung, manchmal auch unangenehmen Anforderungen ausgesetzt zu sein, das Gefühl der Bestätigung, eine Aufgabe erfüllt zu haben. An dieser Stelle möchten wir auch auf die schädlichen Auswirkungen von beständiger Unterforderung bzw. Überforderung verweisen (vgl. Gaedt 1987, S. 13). Die Auswahlmöglichkeiten beginnen bei ganz kleinen Details und Aufmerksamkeiten, die eine Achtung ausdrücken: dieser oder jener Waschlappen, dieser oder jener Pulli; eine Auswahl zwischen Käse und Wurst, zwischen Weiß- und Schwarzbrot, eine Respektierung der persönlichen Wünsche. Das Gefühl des Gebraucht-Werdens und der Anforderung konnte durch Mithilfe in der Haushaltsführung gut umgesetzt werden. Erst aus Auswahlmöglichkeiten, aus den Anforderungen und aus den Bestätigungen kann sich eine eigene Welt, die differenziert werden kann, entwickeln. Eigenständigkeit hat dabei zwei Seiten:

Selbständiges Handeln und Bewältigung der Wirklichkeit, aber auch Abgrenzung, »Eigenwillig-Sein« und »kleine Tricks«. So ist der nächstfolgende Abschnitt über das »Ausprobieren der Grenzen« in einem Bezug zum darauffolgenden Abschnitt »Zunahme von Eigenständigkeit« zu sehen.

Frau Beckstein ist freier geworden, ist im gesamten Alltagsgeschehen meist dabei, sie macht gerne Handreichungen, die sie dabei stereotyp kommentiert, sie kann gezielt helfen, Sachen zu bringen. Das hat sie vorher nicht gemacht. Sie hat mehr Möglichkeiten, ist deutlich weniger starr. Zu differenzierteren Leistungen wird sie angelernt, inzwischen putzt sie nach dem Essen die Tische ab, kippt anschließend das Spülwasser fort. Das kann sie nach einem dreiviertel Jahr völlig selbständig, es macht ihr Spaß. Ihre Handreichungen im Bad entstehen von selbst, sie entwickelt diese ganz alleine. Sie hilft überall ein bißchen.

Sie wählt sich, bereits nach einem halben Jahr, abends aus dem Speiseangebot ihr Essen aus, sie schmiert sich manchmal das Brot selbst, besonders Butter und Streichkäse. Inzwischen ist sie im Stande, sich ihren Reißverschluß beim Anziehen selbst zu zumachen. Sie verweigert sich bei Ärger, das ist ihre Art sich zu wehren, andere Verhaltensweisen zur Gegenwehr hat sie noch nicht zur Verfügung. Liebevoll angesprochen geht es gut, bei einem barschen Ton schaltet sie auf stur und tut das Gegenteil. Aber sie bringt sich nach ca. einem Jahr in Verhandlungen ein, so sollte sie z. B. Betten machen – eine Aufgabe, die sie mit Stolz übernommen hat. Frau Godat aber, die auch gleichzeitig hauswirtschaftliche Tätigkeiten verrichtete, wollte erst kehren, Frau Beckstein widersetzte sich, »nein, will erst Betten mache.« Frau Godat, »nein, erst kehre.« Frau Beckstein, »erst Betten mache.« Frau Godat, »nein, erst kehre.« Frau Beckstein, »nein, erst Betten mache.« Es entstand ein Disput mit »Hin und Hergeplänkel«. Frau B. ist hilfsbereit, sie rennt gerne los, um etwas zu helfen, wenn sie eine Gelegenheit sieht, z. B. einen Wäschekorb aus dem Bad hochtragen. Sie ist viel agiler. Gestern wies sie eine kaputte Unterhose zurück, sie wollte eine ohne Beanstandungen, hat sich dann eine solche herausgesucht. So etwas kam zuvor nie vor. Die Frage ist, ob sie sich etwas ganz Neues angeeignet hat oder ob alte Ressourcen jetzt zum Vorschein kommen, die zuvor mangels Gelegenheit, denn Milieueinschränkung bedeutet auch Ausdruckseinschränkung, im Verborgenen versteckt waren.

Manchmal natürlich zeigt sie keine Lust, die ihr überantworteten Aufgaben wahrzunehmen. Inzwischen wird hier aber von uns besonderer Wert darauf gelegt, Anforderungen zu stellen. Dabei achten wir darauf, daß sie Verhandlungsspielraum mit Durchsetzungsmöglichkeiten hat. Mit einem bestimmen Maß an Anforderung wird jede der Frauen von uns konfrontiert.

Frau Beckstein konnte eigentlich schon immer ganz gut in etwa ihre Wünsche artikulieren, aber heute geht es deutlicher, klarer, mit mehr Variationsspielraum. Früher ist sie auch schneller »abgeblitzt«, da heute mehr Gelegenheit ist, sich auf die Interaktion mit ihr, das wechselseitige Sich-Aufeinander-Beziehen, einzulassen. Sie hat heute mehr Verhandlungsmöglichkeiten. Einmal z. B. wurde sie bei einem »Essengehen« vergessen, es war alles etwas chaotisch, denn insgesamt waren für die Hinfahrt in die Gaststätte drei Fahrten hin und her erforderlich. Als man dort endlich in fröhlicher Runde zusammensaß, brachte die Bedienung zehn Getränke, also, da fehlt doch eins? Nein, es fehlte kein Getränk, es fehlte Marion Beckstein, aber da rief auch schon die Nachtwache an. Die dachte zuerst, als sie eine völlig aufgeregte Frau Beckstein antraf, daß diese aus Bestrafung zurückgelassen worden war und wunderte sich nur, daß sie nichts davon wußte. »Wirst wohl was angestellt haben« und forderte sie auf, bald in's Bett zu gehen. Aber Frau Beckstein erwiderte mit immer röter werdendem Kopf: »Ich war brav, hab nichts angestellt, war brav, hab nichts angestellt, war brav, hab nichts angestellt.« Sie wirkte so überzeugend, daß die Nachtwache anrief. In der Gaststätte hat sie sich dann relativ schnell beruhigen können, hat auch ein bißchen gelacht und dann den Abend genießen können.

Frau Starmann mag abends kein Brot, noch nie so gern, viel lieber Brei, und nach etwa 15 Monaten ißt sie abends einfach kein Brot mehr, sie verweigert es stur. Sie bekommt jetzt den Brei, den sie so gerne ißt. Sie hört auch gerne Radio; sie hat eines zu ihrem Geburtstag bekommen hat, es ist oft an. Nach einem guten Jahr kann sie, wenn jemand neben ihr steht, sie auffordert und ihr die Sachen anreicht; sich selbst anziehen. Sie kann bei Spaziergängen mitmachen und in die Cafeteria gehen. Bei ungeteilter Aufsicht, wenn sich jemand direkt neben sie setzen und auf sie aufpassen kann, ißt sie gelegentlich selbst. Früher trug Frau Starmann sogar einen Sturzhelm, da sie sich sonst ununterbrochen selbst beschädigte. Dies ist jetzt seltener geworden. Nachts aber knallt sich immer noch den Kopf pausenlos fest auf die Matratze.

Das Verweigern, das »Nein« sagen können, zeigt sich auch bei Frau Konik, sie ist auch durchaus »bockiger«. Sie spürt mehr ihre Wünsche, wenn sie z. B. etwas nicht essen mag, läßt sie es liegen. Sie hat vorher alles in sich hineinstopfen lassen. Zur Zeit drückt sie auch durch Nahrungsverweigerung Unwillen aus. Sie wollte noch nie Nahrung, wenn sie verstopft ist, sie hat offensichtlich ein ganz gutes Körpergefühl. Sie bevorzugt nach ca. einem Jahr ausdrücklich solche Leute, die mit ihr besser zurecht kommen. Wenn sie Vorbereitungen für ein Fest bemerkt (z. B. Erntedankfest), weil eine Bewohnerin z. B. ihr »feines Kleid« hingelegt bekommt, kommt sie jetzt an und freut sich und möchte auch beteiligt sein. Solche Reaktionen gingen vorher in der Menge unter und wurden dadurch nicht unterstützt. Frau Konik weiß jetzt auch genau, welches ihre Sachen sind. Sie hat inzwischen ein Regal, von dem sie weiß, daß es ihr gehört, dort sitzt ihr brauner Affe, steht ein kleines Radio. Sie betrachtet manchmal ihr Regal, sie faßt es mit den Händen an, streicht hin und her.

Vor der Aufteilung in Wohngruppen war Frau Aurach sehr stur und einfach »stinkefaul«, selbst wenn es ihr offensichtlich ganz gut ging, war sie nie dazu zu bewegen, auch nur einen Handstreich zu tun; sie bewegte sich äußerst ungern und konnte das mit einem besonderen abweisenden, unter sich fallenden Blick, der völlig klarmachte, welch eine Zumutung diese Anforderung doch ist, untermalen.

Es fällt ihr zunächst auch in der kleinen Gruppe natürlich weiter sehr schwer, etwas zu tun, bei Aufforderungen »fällt sie erst mal in sich zusammen«, da geht dann gar nichts mehr, sie läßt sich auf keinen Kontakt ein, »die Türe ist zu«, »die Schotten dicht«. Allmählich bleibt sie dann, nach etwa eineinhalb Jahren, wenn man sie zu etwas auffordert, doch im Kontakt, bricht nicht ab, als Waffe reicht erst mal der indignierte Gesichtsausdruck, sie scheint aber bereit zu sein, sich die Sache mal ansehen zu wollen. Plötzlich, aus solch einem abweisenden Blick heraus, nimmt sie eines Tages einen angebotenen Lappen und wischt den Tisch ab, merkwürdigerweise in einer »turboartigen« Geschwindigkeit und gründlich. Schon einen Monat später übernimmt sie viele unterschied-liche Hilfsdienste im Haushalt, Tisch decken, Kannen hin- und hertragen, Kaffe eingießen, sie macht sich ihr Bett. Sie ist lebendiger, psychisch entspannter. Sie holt sich auch ihre Unterhosen selbst. Sie lernt, ihre getragenen bzw. schmutzigen Kleiderstücke weitgehend selbst wegzutragen in den Schmutzraum. Sie geht jetzt alleine in die Badewanne. Sie bekommt einen Stuhl zum Festhalten, aber sie wird nicht mehr links und rechts unter die Arme genommen und in die Badewanne »gehievt«. Sie ist inzwischen in der Lage, eigenständig hineinzuklettern. Der tägliche kleine Spaziergang hat hier auch genutzt.

Die geistig behinderten Frauen machen sich nachts mehr bemerkbar, wenn sie auf die Toilette müssen. Frau Döhn klopft dann laut an den Bettrahmen, Frau Rüb klopft nachts an die Tür ihres Einzelzimmers, in dem sie gelegentlich, je nach Verfassung, nachts nicht fixiert ist, sie kann dann selbständig auf Toilette gehen. Frau Berlau und Frau Vers nässen nachts nicht mehr ein, sie bleiben trocken. Auch Frau Starmann und Frau Harbach machen sich durch Klopfen bemerkbar, sie benutzen dann den Toilettenstuhl, der ans Bett gebracht wird.

Frau Steen läßt ihre Eltern nicht ins Wohnzimmer. Sie verwehrt ihnen, nach ca. einem dreiviertel Jahr, den Zutritt, sie sollen vor der Tür stehen bleiben und dürfen den Raum nicht betreten. Sie freut sich offensichtlich immer über den Besuch, auf ihre diskrete Art, aber in das Wohnzimmer sollen sie nicht. Es scheint sich um etwas ganz »Privates« zu handeln, etwas Eigenes, das Eltern nicht betreten sollen. Schon bald nach der Gruppenaufteilung, nach zwei Monaten, trinkt sie ein Glas Sekt, das ihr offensichtlich schmeckt und raucht eine Zigarette! Sie reagiert trotz massiver zwanghafter Ängste vor Veränderungen auf die Gruppenbildung unerwartet positiv. Sie schmiert vorerst lange Zeit überhaupt nicht mit Kot, was sie sonst häufig gemacht hat, besonders, wenn sie seelischen Stress hat. Ihr stereotypes Aus- und Einräumen von Sachen aus Schränken und Schubladen wird weniger. Es klappt mit dem Anziehen etwas besser. Ihr wird von der Abteilung ein Morgenmantel ausgeliehen, da die Frauen einen benötigen, wenn sie abends nach dem Baden noch vor dem Fernseher sitzen, sich in den Zimmern aufhalten, eben halt in Bademantel und Schlappen »wie zu Hause« vor dem Schlafengehen noch so hin- und herlaufen oder sonst was machen. Als ihr die Eltern dann einen eigenen Morgenmantel mitbringen, will sich Frau Steen von dem geliehenen überhaupt nicht trennen. Zu genießen, im Morgenmantel »zu Hause« herum zu laufen, war ihr zuvor fremd.

Auf Aufforderung hin, wenn man sich neben sie stellt, wäscht sich Judith Garbe nach einem knappen Jahr von Kopf bis Fuß alleine. Es vergeht allerdings eine gute halbe Stunde damit, da man ihr alles einzeln vorsagen muß, »jetzt den Unterarm«, »jetzt die Hände«, »jetzt den Bauch« usw. Insgesamt ist sie so zwanghaft ängstlich, daß sie kaum spontane Äußerungen bzw. Bewegungen macht, es wirkt, als sei sie innerlich erstarrt. Nach zwei Jahren kann sie aber Medizinfläschchen ausspülen, immer muß ein ritualisiertes Gespräch vorausgehen, »was machen wir jetzt?« Frau Garbe: »Säubern.« »Was säubern wir?« Frau Garbe: »Die Medizinfläschchen.« Alles muß immer mit lauter Stimme erfolgen. Sie läßt sich nach etwa eineinhalb Jahren, indem sie kleine Handreichungen lernt, ein bißchen in den Tagesablauf integrieren, läßt sich zunehmend gerne einbeziehen. Sie ißt mit Messer und Gabel, auch mit dem Waschen klappt es besser, man muß zwar noch dabei stehen und ihr die Abfolge dauernd sagen, aber es geht flüssiger. Sie trägt auch Wäsche in den Korb, versucht, ein bißchen mitzuhelfen und dabei zu sein. Aber sie entwickelt je mehr sie dazu lernt, je mehr sie sich, wenn auch vorsichtig, einbeziehen läßt, ein Problem: Zu ihrem »Zisseln« (Säume an allen Kleidungsstücke aufzisseln und zerreißen, eine zwanghaft kanalisierte motorische Abfuhr von aggressiver Spannungsunlust) kommt jetzt ein selbstschädigendes, autoaggressives Verhalten, sie dreht so fest an ihren Haaren, daß sie schon kahle Stellen am Kopf hat. Sie scheint die Erweiterung ihres Lebensradius eigentlich zu genießen, aber: hat sie vielleicht das Gefühl, sie tue doch etwas Verbotenes? Muß sie sich bestrafen? Hat sie Angst? Und außerdem wird dann noch festgestellt, daß sie sich zwei Zähne selbst gezogen hat! Es ist nicht nachvollziehbar, wie sie das getan hat und wann. Sie pickt an allem herum, manchmal pausenlos und unablässig, z. B. auch an den Wäscheschildchen, die pickt sie oft alle ab. Aber sie entwickelt sich in ihrem Gefühlsleben, sie äußert, das erste Mal für uns, seitdem wir sie kennen, einen Wunsch, sie wollte noch fernsehen, sie sagte »fernsehen, fernsehen«. Und bereits zwei Monate später, nach insgesamt 19 Monaten, ist sie dazu in der Lage, sich am Abendbrottisch von der Wurstplatte selbst etwas herunterzunehmen, sich also für etwas zu entscheiden, das ist für sie ein großer Schritt. Im Haushaltsablauf, an dem sie sich offensichtlich gern beteiligt, ist sie aber so zaghaft, sie tut sich sehr schwer. Sie macht sich auch nicht so gerne die Hände naß, sie taucht das Läppchen ganz vorsichtig ins Wasser, mit abgespreizten Fingern, es kostet sie Überwindung, den Lappen ganz ins Wasser zu tauchen. Beim Tischabwischen »kreiselt« sie dann zwanghaft stundenlang an einer Stelle, bis es Frau Mehlhorn zuviel wird, die kommt tatkräftig mit ihrem Eimerchen an und macht die Sache selbst, was Frau Garbe offensichtlich verstört. Eines abends, nach 22 Monaten, trocknet sie dann selber ab, für sie eine große Bemühung, die sie höchst interessiert durchführt. Manchmal allerdings vergißt sie zwischendurch, um was es sich dreht, sie braucht ständig Anleitung. Sie kann aber jetzt häufiger aufgefordert werden, etwas zu tun: Wäschekorb und Wäschesack tragen, ein wenig bei der Haushaltsführung mitlaufen. Bei Frau Garbe stellt sich die Frage: Hat sie vielleicht zu wenig Kontakt? Bisweilen besteht auch der Eindruck, daß sie eigentlich keinen Kontakt haben möchte. Sie sagt nie etwas. Wenn z. B. ihr Nachthemd schmutzig ist, in die Wäsche kommt und ihr versehentlich kein frisches in das Bett gelegt wird, geht sie nur mit der Unterhose bekleidet ins Bett. Sie kennt es nicht, sich an jemanden zu wenden, jemanden etwas zu fragen. Der Eindruck der Betreuerinnen ist nicht, daß sie nicht wagt zu fragen, nein, sie kennt Fragen nicht und konnte es nicht kennenlernen, zu fragen. Wenn man ihr dann ein frisches Nachthemd reicht mit der Aufforderung, es anzuziehen, dann kommt sie dem nach.

Susanne Reinhold, »Gruppe unten«, wird nach ca. 20 Monaten viel klarer, wacher, sie erscheint aufgeweckt, kann abends bis ca. 22.00 Uhr auf sein. Das führt dazu, daß sie nachts im Bett trocken ist, denn vor dem Zubettgehen kann sie auf die Toilette gehen, seitdem näßt sie nachts nur noch selten ein. Sie wird morgens um 6.00 Uhr noch einmal geweckt und zur Toilette geschickt. Seitdem bleibt ihr Bett meist trocken. Sie ist insgesamt recht zufrieden, ruhig, manchmal kann sie herumlaufen und »heftet sich an die Fersen« der Nachtwache. Wenn sie nicht frei herumlaufen kann, wird sie aber an einen solchen Stuhl fixiert, der in der Nähe des sozialen Geschehens ist. Sie sitzt hier oft ganz zufrieden, man kann sich dann auch ganz gut mit ihr unterhalten. Sie kommt mehr zur Ruhe. Hier spielt auch eine sehr vertrauensvolle Beziehung zu einer Betreuerin eine erhebliche Rolle, ihre seelische Beruhigung hat viel mit der Beziehung zu der Betreuerin zu tun, beide mögen sich gerne. Frau Reinhold redet mehr, sie gibt sinngemäße Antworten, sie äußert Wünsche, z. B. den Wunsch in der Nachtwache Fernsehen zu gucken.

Auch Frau Döhn, »Gruppe rechts«, wird klarer, sie kann sich nach einem halben Jahr weitgehend allein ankleiden, sie bekommt den BH angezogen und muß den Rest alleine anziehen. Manchmal hat sie keine Lust, ist sie zu faul, dann klopft sie sich auf die Beine, manchmal auch auf die Wangen und wartet darauf, daß man sie anzieht. Wenn man dann hartnäckig genug ist, zieht sie sich auch alleine an. Beim Ausziehen läuft das gleiche noch einmal, aber es ist nochmal schwieriger, sie dazu zu bewegen, sich auszuziehen.

Frau Berlau ist viel ruhiger geworden. Sie schaukelt nicht mehr so heftig hin und her. Wenn man morgens in ihr Zimmer kommt, steht sie ohne Aufforderung auf und läuft von sich aus ins Bad. Wenn sie früher auf Toilette wollte und die Tür geschlossen war, stand sie einfach nur davor. Nach acht Monaten kann sie auf die Aufforderung »mach die Tür auf« die Tür aufmachen und auf die Toilette gehen. Sie zieht sich ihr Lätzchen selbst mittags aus. Wenn man ihr etwas zu tun gibt, führt sie es aus, soweit sie es versteht. So bringt sie z. B. einen Stuhl zum Tisch, wenn man sie in einfacher, für sie verständlicher Weise dazu auffordert.

Auch Frau Vers wird entspannter, so daß sie den Umgang mit mehr Freiheiten und mehr Selbständigkeit erlernen kann. Sie hat nach einem Jahr beide Hände beim Essen unfixiert. Auf die Aufforderung hin »bring Deinen Teller weg« geht sie an die Durchreiche zur Küche und bringt ihren Teller dorthin. Sie meldet sich jetzt immer von selbst, ist sauer, wenn sie einmal übersehen wird. Manchmal näßt sie extra ein, wenn sie sauer ist. Zum Beispiel auch, wenn sie erreichen will, daß sie in ihr Bett gebracht wird. Manchmal steckt sie auch den Finger in den Hals und »kotzt«, das führt dann meistens zum Erfolg, sie kommt dann auch ins Bett. Nach etwa einem Jahr führt sie nur noch sehr selten Erbrechen herbei, vorher erbrach sie fast jeden Morgen aktiv mit dem Finger.

Warum aber will sie überhaupt ins Bett, sich zurückziehen? Ist ihr zwischenmenschlicher Kontakt zu anstrengend? Was ist da Gutes für sie im Bett? Sie macht, dies wird ihr nach ca. einem Jahr verläßlich angeboten, regelmäßig ihr Mittagsschläfchen, damit der »lange« Tag durch eine »Bettpause«, eine »Auszeit«, unterbrochen wird. Vielleicht kann dieser regelmäßige Mittagsschlaf ein beruhigender und ruhiger Pol werden. Er verhilft auch zu einer Tagesstrukturierung. Insbesondere die Situationen des Zubettbringens und des Aufstehens werden bald besser. Sie wird entspannter, zufriedener. Sie brüllt und »kotzt« weniger. Nach einem Jahr zieht sie sich abends alleine vollständig aus, legt die Sachen auf die Fensterbank. Sie hat nur noch nicht kapiert, daß die gebrauchte Unterwäsche hier nicht dazu gehört. Sie zieht sich dann selber den Schlafanzug an, legt sich auf das Bett und wartet, bis sie gewindelt wird. Da sie nach 16 Monaten ihre Schuhe nicht mehr zerreißt, können ihr die notwendigen, aber teuren orthopädischen Schuhe gekauft werden, in denen sie sicherer laufen kann. Sie geht nach 22 Monaten selbst auf die Toilette. Früher wurde sie nach dem Essen immer automatisch auf die Toilette gesetzt.

Auf der Seite der Betreuerinnen hat die Unterstützung der Eigenständigkeit eine ganz wichtige Voraussetzung: Aufmerksame Beobachtung und Sensibilität. Die Betreuerinnen bemerken häufig, daß es die ganz kleinen Verhaltensweisen sind, die vorher untergegangen sind, nicht bemerkt wurden. Daraus entwickeln sich viele kleine Begebenheiten, die das Zwischenmenschliche anreichern und zur Differenzierung im Erleben und Verhalten der geistig behinderten Frauen beitragen.

Gemeinsame Hausarbeit

Tisch decken, Betten machen, Teppich saugen, Wohnzimmer abstauben, Zeitungen und mal Müll wegräumen; nichts konnte zuvor von den geistig behinderten Frauen mit übernommen werden, da ihre Einbeziehung viel zeitintensiver und mühevoller ist, als wenn man es rasch selbst erledigt. Dabei verändert die gemeinsame Haushaltsführung die ganze Atmosphäre im Tagesablauf.

Es entsteht ein Gefühl der Verantwortung für die Möbel. Es fällt in allen drei Gruppen auf, daß die Frauen beginnen, die Möbel zu schonen, pfleglich zu behandeln, es geht wenig kaputt, sie pflegen sie. Wohnzimmer und Eßzimmer sind ziemlich sauber. Sie räumen ohne Aufforderung selbständig auf, schmeißen nichts in die Ecke, zerstören nichts. Diejenigen, die ihr Bett selbst machen können, machen dies jetzt auch. Frau Godat macht sogar die beiden ihrer Zimmermitbewohnerinnen mit, also alle drei Betten im Zimmer. Sie macht so etwas gerne. Jetzt hat sie den Raum im doppelten Sinne, real und psychologisch, zur Verrichtung häuslicher Tätigkeiten.

In den kleineren, übersichtlicher und wohnlich gestalteten Schlafzimmern ist es nicht so schlimm, wenn ein Bett nicht ganz so perfekt gemacht ist, hier kann auch ein wenig Unordnung sein, es muß nicht so genau stimmen. In den Sälen wirkte auch schon leichte Unordnung schnell verwahrlost. Es mußte mehr Wert auf sterile, starre Ordnung gelegt werden.

Morgens gibt es Bohnenkaffee, die »Gruppe unten« sitzt gemeinsam am Frühstückstisch in der lang ersehnten Wohnküche, außer Eva Kalhor und Susanne Reske, die schon früh zur Arbeitstherapie gehen. Nach dem Frühstück, das oft gemütlich ist, fallen Aufgaben an, die übernommen werden, Frau Godat trocknet entweder ab oder macht die Betten, Frau Beckstein räumt den Tisch ab, Frau Reinhold und Frau Beckstein helfen beim Abtrocknen, hat dazu die Aufgabe, morgens, mittags und abends den Tisch abzuräumen und abzuwaschen. Frau Steen bringt die Medizingläschen, nachdem sie fertig gespült sind, hoch in das obere Stockwerk, wo sie neben dem Arzneischrank deponiert sind. Wenn es einmal vorkommt, daß die Medizingläschen übereinander gestapelt sind, räumt sie alle einzeln aus und stellt sie wieder nebeneinander, in Reih und Glied. Für Frau Lorenz und Frau Lein gibt es praktische Schwierigkeiten, sie in die Hausarbeit einzubeziehen, Frau Lorenz ist psychomotorisch sehr verlangsamt, stark geistig behindert, nicht ohne Auffassungsgabe, aber »sehr weit weg«, von zäher Langsamkeit. Frau Lein benötigt zum Laufen ein sperriges Gehfrei. Für beide haben sich nach etwa einem knappen halben Jahr »Küchenkultur« noch keine Tätigkeiten finden können. Abends trocknen Frau Kalhor und Frau Reske, die tagsüber in der hauseigenen Arbeitstherapie beschäftigt sind, das Geschirr ab.

Manchmal zeigen sich Spuren früherer Fertigkeiten, z. B. bei Frau Rüb. Sie kann und will am Küchendienst beteiligt werden, morgens und mittags ist hierfür zuviel Hektik, aber abends ist etwas mehr Zeit und Ruhe. Insbesondere beim Abtrocknen hat sie überhaupt keine Schwierigkeiten bei den entsprechenden Handreichungen, sie stellt sich auch sonst so geschickt an, als sei ihr einiges vertraut. Bislang war die Küche ausschließlich Betätigungsfeld der Betreuerinnen. Bei einer vermehrten Einbeziehung der behinderten Frauen haben diese die Chance, ihren natürlichen »normalen« Aktionsradius zu erweitern. Es bedeutet jedoch sehr viel Arbeit und Geduld, zumindest in der Anfangszeit, vielleicht lockert sich dies später.

Bei Frau Aurach war aller Anfang schwer, aber wenn sie erstmal »auf dem Gleis ist«, gibt es überhaupt keine Probleme mehr. Sie ist nach etwa 9 Monaten in alltägliche Beschäftigungen eingebunden, sie hat an drei Tagen Tischdienst, teilt die Tassen aus, gießt Getränke ein. Abends geht sie häufig mit in die Küche und hilft beim Abtrocknen. Frau Garbe hilft ihr dabei. Die Betreuerin, die jeweils da ist, kann dann in der Küche ganz gut mit Frau Aurach schwätzen, es ist möglich, mit ihr einen Dialog zu führen, es ist Kontakt da. Ihr Sprechen ist lebendiger geworden. Am Sonntag war sie mit zum Erntedankfest, sie hat gelacht und über das gesamte Gesicht gestrahlt.

Ausprobieren von Grenzen

Offensichtlich »wurstelt« so verschiedenes unter der Decke, wozu wir keinen Zugang haben: Susanne Reske hat heimlich das Rauchen angefangen, es stellt sich heraus, daß sie im Ausgang sogar Eva Kalhor die Zigaretten wegnimmt. Weder sie noch Frau Kalhor hatten etwas davon erzählt, nach dem »Geständnis«, raucht Frau Reske »offiziell«. Alle probieren sie die Grenzen aus. Frau Beckstein ist hier am intelligentesten. Sie sieht schon gleich, wer am Tag Dienst hat, ob vielleicht jemand vertretungsweise da ist, der sich deshalb nicht so auskennt, sie weiß, daß dann manches anders zum sonst Gewohnten ablaufen kann, und sie stellt sich darauf ein. Bei Vertretungsbetreuern macht sie da rum, trödelt zum Beispiel gerne, fummelt mehr herum, sie probiert die Interaktion aus.

Sie bemerkt den Spielraum, in dem sie ausprobieren kann, ganz genau und reagiert sehr sensibel, wird z. B. gern langsamer in der Erledigung von Aufgaben, sie testet aus, »peilt« die Situation ab. Normalerweise räumt sie nach dem Essen immer den Tisch ab, hat dabei erhebliches Geschick entwickelt, auf das sie stolz ist. Bei einer Vertretungsbetreuerin spielt es sich dann so ab: Sie nimmt jedes einzelne Geschirrteil, räumt es umständlich ab, läßt sich viel Zeit, peilt abwartend und prüfend herüber, guckt, ob und wie sie reagiert. Auch die anderen probieren aus. Zum Beispiel sagten Frau Kalhor und Frau Reske zu einer Vertretungsbetreuerin, sie bekämen auch morgens auf dem Weg zur Arbeitstherapie eine Zigarette mit. Diese erhielten sie auch ausgehändigt. Das stimmte aber nicht! Und beide kriegen morgens zwar eine ganze Kanne Kaffee hingestellt, sie sollen aber jeweils nur 2 Tassen trinken. Sie frühstücken vor den anderen, um pünktlich zur Arbeitstherapie loszugehen, die große Thermoskanne ist für alle gemeinsam. Das wissen sie auch und halten sich daran. Bei einer Vertretung haben sie die ganze Kanne ausgetrunken!

»Heilige Dinge« : Telefon und Schlüssel

Kürzlich rief eine Betreuerin an, Frau Reinhold hob ab, sie sagte »Reinhold.« Auf wiederholtes Befragen, wer denn da sei, sagte sie: »Susanne Reinhold«, als die Betreuerin fragte: »wo ist denn Regine?« (diensthabende Betreuerin), hat sie aber den Hörer wieder aufgelegt. Als richtiger Durchbruch erscheint, als sie ihrer Mutter einige Zeit später telefonisch zum Geburtstag gratuliert. Sie ist tagelang aufgeregt darüber und spricht davon. Sie hatte noch nie ein Telefon benutzt.

Eine Betreuerin aus einer benachbarten Abteilung erzählt, sie habe angerufen, Frau Beckstein habe das Telefon abgehoben, sie habe sich dann ein bißchen mit ihr unterhalten, dann nach der diensthabenden Betreuerin der Gruppe, nach Roswitha gefragt, Frau Beckstein habe den Hörer hingelegt, sei hin- und hergelaufen und hätte deutlich hörbar »Roswitha, Roswitha« gerufen, sei zurück zum Telefon gegangen und habe erzählt, »hab Roswitha gerufen, hab Roswitha gerufen«.

Es erscheint uns als etwas ganz Besonderes, daß sich die Frauen getrauen, an das Telefon zu gehen. Dies ist bislang ein unberührbares Heiligtum gewesen.

Schlüssel und Prestige: Es wird von den geistig behinderten Frauen als besonderes Prestige angesehen, zeitweilig die Schlüssel zur Erledigung bestimmter verantwortungsvoller Aufgaben ausgehändigt zu bekommen. Es ist eine Vertrauenssache, was sie als solche empfinden und schätzen. Zum Beispiel: Frau Godat erhält abends die Schlüssel, sie geht herum, zieht die Gardinen zu, klappt die Fenster zu, kippt die Schlafzimmerfenster auf. Auch Frau Reske und Frau Kalhor haben häufig etwas zu erledigen, für das sie kurz den Schlüssel benötigen. Leider mußten die Schlüssel von den Schranktüren doch wieder entfernt werden, da Frau Steen die Schränke im zwanghaften Aufräumen durchstöbert und Frau Reinhold auf der Suche nach etwas Essbarem.

Die »Schlüsselsituation« soll flexibel gehandhabt werden. Wir streben eine weitgehende Offenheit an, bei Wahrung der notwendigen Struktur. Alle Türen immer offen zu halten, kommt einer Entgrenzung gleich, Türen immer geschlossen zu lassen, entspricht nicht einer normalen Wohnsituation.

Frau Kalhor und Frau Reske hatten Schrankschlüssel ausgehändigt bekommen, die ihnen aber leider wieder weggenommen werden mußten, da sie im Schrank häufig sehr verschmutzte, übelriechende, zum Teil urinierte »Klamotten« untergebracht haben. Durch Erkrankung einer Betreuerin ist zu dieser Zeit die Konstanz der Begleitung über weite Strecken nicht gewährleistet, es besteht ein mangelhafter Überblick. Damit sind Frau Kalhor und Frau Reske im Hinblick auf die Voraussetzungen zur Führung ihres Schrankes überfordert. Bei Frau Reske wurden im Schrank vier urinierte lange Hosen gefunden, die sie offensichtlich, weil sie nicht wußte wohin und sich wahrscheinlich schämte, dorthin zurückgelegt hatte. Zusätzlich wurden in beiden Schränken verfaulte Lebensmittel gefunden. Es geht also leider erstmal überhaupt nicht. Beide brauchen eine Betreuungskonstanz mit den begleitenden anleitenden Maßnahmen, um mit einer selbständigen Schrankführung umgehen zu können bzw. dies erst zu lernen. Bei genügender Betreuung könnte man z. B. täglich mit ihnen an den Schrank gehen und gemeinsam nachschauen, ob alles in Ordnung ist bzw. dergleichen Hilfestellungen mehr, die darauf abzielen, Verantwortung für den Schrank zu entwickeln, ihn z. B. nicht als Entsorgungsmöglichkeit zu betrachten, in dem lästige Dinge einfach »aus der Welt geschafft« werden können.

4.3 Repressive Verwahrung und aggressive Reaktionen der »Patientinnen«

Fixierungen

Eine wesentliche Erfahrung war eine »erstarrte« endlose Spirale aus sich fortsetzendem aggressivem Verhalten der geistig behinderten Frauen, der Fixierung und medikamentösen Sedierung als Maßnahmen zur Bewältigung des Problems und in der Folge erneuten aggressiven Reaktionen. Andere Handlungsvarianten wurden, wie sich jetzt zeigt, wenig entwickelt und waren verkümmert. Aber auf die Reduzierung der Fixierungen reagierten die Frauen, zu unserer großen Überraschung, paradox. Alle erlebten diese Veränderung als Verunsicherung, die sie nur ganz langsam bewältigen konnten. Die Fixierungsreduzierungen mußten sehr einfühlsam und langsam entwickelt werden, da die Frauen teils große Angst, Aggression, Irritation zeigten. Im folgenden möchten wir dies und die Reduzierung der Fixierungen an konkreten Beispielen vorstellen.[1]

Bei Frau Vers wurden schon in den zurückliegenden Jahren immer wieder erfolglose Versuche gemacht, ihre Fixierung im Bett zu reduzieren. Sie beharrt darauf, an allen Extremitäten fest fixiert zu sein. Wie kann ein neuer Versuch gestartet werden? Eine Betreuerin kommt auf den Gedanken, z. B. erst einen Fuß los zu machen, abwarten, was passiert und wenn Frau Vers Theater macht, diesen Fuß eben an »langer Strippe« zu fixieren und dann abzuwarten, ob das von ihr akzeptiert wird. So könnte man mit dem zweiten Fuß weiter verfahren und sie, direkt orientiert an ihrer persönlichen Entwicklungsmöglichkeit und an ihrem Tempo, systematisch der Fixierung bzw. zumindest dieser festen Fixierung entwöhnen. Man könnte dann mit den Händen möglicherweise ebenso verfahren. Angst, gemischt mit Ärger und Unwillen, ist bei den Versuchen einer Fixierungsreduzierung bei Frau Vers besonders groß, die Arbeit erweist sich als zäh, aber nach einigen Monaten ist sie schon mit dem zweiten Fuß aus der Fixierung im Bett los. Sie hat erst »Zeter und Mordio« geschrien, sie wollte fixiert werden, sie hat den Fuß hochgehoben, so, als wollte sie sagen, »Du hast was vergessen.« Es war aber jeweils bald gut, sie hat nie lange geschrien, immer bald aufgehört. Nach dem Urlaub einer Betreuerin, der Frau Vers besondere Zuneigung und vielleicht auch Vertrauen entgegenbringt, wird diese versuchen, die vordere Hand von Claudia aus der Fixierung zu lösen. Während dieser intensiven Maßnahme, in der die Betreuerinnen immer wachsam die Belastungsgrenze von Frau Vers schützten und damit bei allen Anforderungen eine wohlwollend schützende Position einnahmen, entstand ein an den Bedürfnissen der geistig behinderten Frau orientierter, sensibel gefühlhafter Kontakt, in dem sie auf ganz vielen Ebenen Zuwendung und Aufmerksamkeit erfuhr. Sie entwickelte sich auch emotional, sie trat viel mehr in Kontakt. Sie wird entspannt und freundlich, sie lacht auch manchmal. Sie kann es lernen, sich selbständig die Hände zu waschen.

---

[1] Die gezielten Maßnahmen zu Fixierungsreduzierungen konnten erst im zeitlichen Verlauf vorgenommen werden. Da sie aber als eingebettete Maßnahmen im Gesamtkontext und nicht unabhängig von diesem zu sehen sind, haben wir auf eine differenzierte Angabe des jeweiligen »Beginns« einzelner Fixierungsreduzierungen verzichtet.

Wenn man ihr etwas sagt, kann sie es befolgen, sie macht mit, verweigert sich nicht bzw. rennt nicht gleich los, um etwas kaputt zu machen. Dies ist eine bedeutsame Veränderung. Nach ca. eineinhalb Jahren ist sie nachts nur noch an einer Hand fixiert. Die eine Fixierung an der Hand ist aber aufgrund ihrer teilweise Unberechenbarkeit notwendig. Wir wollen aber versuchen, einen längeren Gurt zu verwenden. Zwischendurch wird auch immer wieder versucht, sie für kurze Zeit, in der sie genau beobachtet werden kann, unfixiert im Sessel sitzen zu lassen. Dies ist aber auf Betreuerseite mit einer großen psychischen Anstrengung verbunden, da Frau Vers so unberechenbar ist. Die Verfassung der Betreuerin muß also so sein, daß sie sich solche Dinge zum Ausprobieren auch zumuten kann. Nach ca. 20 Monaten ist sie tagsüber nicht mehr fixiert. Man kann sie losmachen, die Fixierung an ihrem Sessel lösen, sie stürzt nicht mehr zum nächsten Blumentopf, um ihn jemanden an den Kopf zu werfen. Nachts ist sie nur noch im Bett an einem Arm ganz locker fixiert, sie kann sich hin- und herdrehen und sich frei beweglich im Bett aufhalten. Die Jahre zuvor mußte sie tagsüber zumindest mit Bauchgurt am Sessel fixiert sein und nachts an allen vier Extremitäten und am Bauchgurt »stramm«. Oft hat sie überhaupt tagsüber häufig im Bett liegen müssen, weil sie auch auf dem Sessel sitzend nicht zu halten war. Von den vielen Fixierungen hat sie einen Spitzfuß. Sie hat getreten, geschlagen, gebissen, hat mit dem Kopf Bäuche von Personen gerammt, sie war lange Zeit in der Zwangsjacke. Jetzt läuft sie tagsüber frei herum, sie zieht sich selber ihre Schuhe an, sie nimmt ihre Schuhe mit vom Zimmer in das Bad. Manchmal zerreißt sie sich noch einen Pulli. Sie läuft regelmäßig – soweit es personell geht – täglich bis zum Nachbarhaus und spaziert dann wieder zurück. Einmal, als sie schon länger tagsüber unfixiert ist, hat sie einen Blumentopf von der Fensterbank heruntergeworfen, schmiß sich im selben Moment mit auf den Boden, streckte die Arme zum Fixieren hin. Dieses Fixierungsbedürfnis (Angst?, Straferwartung?, Strafbedürfnis?, Rückkehr zu den festen Gewohnheiten in Krisensituationen?, Schutz vor sich selbst?, Will sie festgehalten werden?) wurde ignoriert. Sie wurde verbal beruhigt, es wurde ihr zugesprochen, sie wurde nicht fixiert. Sie ging zum Stuhl, streckte den Arm in Fixierungsstellung aus. Als es nicht erfolgte, lief sie herum, probierte es aus, wie es ist, frei herumzulaufen.

Frau Vers hat die Fixierungsreduzierung sehr viel Angst gemacht. Es war ein einfühlsamer Prozeß notwendig, sehr behutsam, er dauerte insgesamt fast zwei Jahre. Dabei wurde darauf geachtet, daß Frau Vers möglichst von den gleichen Personen abends zu Bett gebracht wurde. Der Fixierungsreduzierung bei Frau Vers ist überhaupt vorausgegangen, daß sie in der kleinen Gruppe insgesamt ruhiger wurde. Der Tumult ist nicht mehr so groß. Jedenfalls hat sich auch bei ihr gezeigt, daß die Fixierungsreduzierung eine sorgfältige, konsequente, einfühlsame Arbeit über einen längeren Zeitraum erfordert.

Auch Frau Harbach kann jetzt häufig ohne Fixierung im Bett schlafen. Die Betreuerinnen merken nun, wenn sie Frau Harbach zu Bett bringen, ob es geht oder ob es nicht geht. Sie mußte früher an den Händen fixiert werden, da sie sich im Rachen herumwühlte und Speisebrocken wieder hochkamen, so daß Erstickungsgefahr bestand. Es ist nicht ganz klar, ob sie damit absichtlich ein Erbrechen herbeiführen wollte. Seitdem sie überwiegend feste Kost bekommt, kann sie mit Appetit essen und das Essen bei sich behalten, sie wühlt sich nicht mehr im Hals herum. Gelegentlich verursacht ihre akut einsetzende Spastik aber solche Ängste bei den Betreuerinnen, daß sie zwischendurch immer wieder gemahlene Kost bekommt, aber es ist viel besser möglich, sie hier zu beobachten und sich flexibel, je nach Verfassung, auf das Variieren einzulassen.

Frau Döhn ist teilweise sehr aggressiv, macht viel kaputt. Wenn sie sich frei bewegen kann, geht sie zielstrebig auf irgend jemanden zu und kratzt mit ihren Nägeln tiefe Rillen in die Haut, es gibt schmerzende Wunden, obwohl ihre Nägel ganz kurz geschnitten werden. Sie sind immer dreckig, das gibt dann schlimme Infektionen. Sie hat Mitbewohnerinnen schon sehr zugerichtet. Fast alle Betreuerinnen haben vernarbte Kratzspuren auf der Haut.

Sie mußte auch nachts an allen Extremitäten fixiert werden, da sie sehr beweglich ist und es ihr sonst immer irgendwie gelang, den Feststellhebel am Bett zu lösen, das Bett zu bewegen und andere Frauen im Zimmer zu zerkratzen. Als wir sie, nachdem sie freundlicher und weniger »kratzwütig« wurde, nachts allmählich »loslassen« wollten, gab es zuerst einen »riesen Tanz«, sie wehrte sich heftig gegen unsere Versuche, die Fixierungen zu lockern. Alle Fixierungsgurte wurden bei ihr allmählich gelockert, wurden über lange Zeiträume lockerer und lockerer gelassen, so daß Frau Döhn allmählich mehr Erfahrung im Umgang mit dem erweiterten Spielraum bekam. Nach 21 Monaten hat sie nachts nur noch den Bauchgurt und eine Hand fixiert.

Astrid Galbas wollte eines nachts, nach 19 Monaten, eine Hand los haben, das wurde sofort mit ihr versucht. Es ging gut und sie behielt seitdem nachts eine Hand los, die weiteren Reduzierungen erforderten ebenso geduldiges und einfühlsames Arbeiten, da auch sie große Angst beim Freiwerden hatte. Nach weiteren vier Monaten wird sie im Bett nur noch an einer Hand fixiert (vorher an allen vier Extremitäten). Sie brauchte dabei viel Zuwendung u. Beruhigung, die Reduzierung ging ganz behutsam und mit viel Betreuung über viele Wochen und Monate. Sie ist nach 19 Monaten tagsüber unfixiert, nachts nur noch an einer Hand. Die Halskrause muß in der Nähe liegen und immer mitgenommen werden, diese Sicherheit braucht sie, sie muß sie jederzeit wahrnehmen können, sonst hat sie Angst. Sie braucht sie aber nicht mehr täglich, nur noch an schlechten Tagen will sie die Halskrause haben.

Frau Starmann ist nachts straff an Händen, Füßen und Bauch am Bett fixiert. Sie zerstört sich sonst. Wenn man nur einen Fuß locker läßt, schlägt sie mit diesem blaue Hämatome in das andere Bein. Sie hat sich bereits vor Jahren beide Augen blind geschlagen. Sie braucht auch die Halskrause nachts, sonst kommt sie mit der Stirn an die Schulter und schlägt und klopft ununterbrochen. Manchmal löst sie nachts ein Körperteil aus der Fixierung, sie beschädigt sich dann selbst. So beantwortet sie jeden Versuch, eine Fixierung zu lockern, mit Schlägen bzw. Tritten sich selbst gegenüber. Aber bei einem Spaziergang kann sie manchmal ohne Zwangsjacke mitgehen. Draußen ist sie so abgelenkt, daß sie sich nichts tut. Sie lacht manchmal ein bißchen.

Im näheren Kontakt, in näheren Beziehungen mit den geistig behinderten Frauen wird auch besser erkennbar, wann Fixierungen notwendig sind und wann nicht. Erstarrte Fixierungsgewohnheiten zur chronischen Abwendung von Gefahr können aufgelockert, individueller gehandhabt werden. Üblicherweise ist es in der Versorgung eines großen Personenkreises kaum möglich, die verschiedenen sensiblen Äußerungen wahrzunehmen, dazu bedarf es der Intensivierung und Differenzierung der Wahrnehmungen in den Beziehungen.

Die Abnahme der Fixierungen löst anfangs bei den behinderten Frauen eine große Unsicherheit und sehr viel Angst aus, es ist, als müßten sie sich der Welt neu zuwenden, als würde ihnen das Unbekannte jenseits von Aggression und Fessel große Angst einflößen. Nach unseren Erfahrungen sind während der Reduzierung eine einfühlsame Betreuung nötig und begleitende Anregungen, die Bestätigung und Freude vermitteln. Insgesamt lassen die Fixierungen erheblich nach. Sowohl sind mehr Zuversicht und Zutrauen auf Betreuerinnenseite da auszuprobieren, zum anderen gibt es auf der Seite der geistig behinderten Frauen durch die kleine Gruppe und die neuen Angebote mehr Entspannung und Ruhe, die die erforderlichen Experimente und Versuche auch eher erlauben. Sie müssen nicht mehr an gewohnten Abläufen starr festhalten. Durch die größere Intimität und Vertrautheit können starre Gewohnheiten, die Sicherheit geben, allmählich aufgelöst werden. Das Auflösen der routinehaften Handlungsschemata von unmittelbarer Aggressivität und Sicherung durch körperliche Fixierung ist mit der Veränderung der Atmosphäre, d.h. mit differenzierten Erlebnis- und Handlungsangeboten und einer sensiblen verstehenden Begleitung verbunden.

Das Problem der körperlichen Gewalt

In der Beziehung mit vielen der geistig behinderten Frauen bzw. im Umgang mit ihnen spielen Tätlichkeit und körperliche Gewalt aufgrund aggressiven Verhaltens fatalerweise eine große Rolle. Alle Betreuerinnen hatten ständig am Körper Verletzungen, blaue Flecken, aufgerissene Stellen, gelegentlich Bißwunden. Wenn man tätlich angegriffen, verletzt wird und entsprechend akuten Schmerz hat, bedeutet es immer eine große Beherrschung, sich ruhig und sachlich zu verhalten und vor allen Dingen nicht mit Gewaltanwendung zu reagieren. Alle Betreuerinnen lehnen Prügel und Schlagen als Erziehungsmittel aus tiefem Herzen ab, es kommt als pädagogisches Mittel selbstverständlich nicht in Frage. Aber bei tätlichen Auseinandersetzungen, die ja immer wieder von einigen Bewohnerinnen aufgrund von Hilflosigkeit, sich anders auszudrücken, geführt werden, kann es auch vorkommen, daß man bei der Abwehr ebenfalls grob ist, manchmal sind Schmerz und Zorn so heftig, daß man sich nicht immer virtuos verhalten kann. Hier fühlen sich die Betreuerinnen von den »Akademikern« auch immer wieder unverstanden, haben oft den Eindruck, daß Ansprüche an sie herangetragen werden, die eben akademisch sind und spätestens in solchen Extremsituationen wie der, tätlich angegriffen zu werden, nicht immer erfüllbar sind. Es nervt oft, so die Betreuerinnen, daß die Akademiker meist so schön leise und ruhige Stimmen haben, während hingegen die Betreuerinnen sich oft lautstark im Trubel der Ereignisse verständlich machen müssen, was dazu führt, daß sie sich überhaupt eine laute Stimme angewöhnt haben, um sich bemerkbar zu machen. Da hätten die feinen Akademiker leicht ruhig und schön reden. Zum Beispiel würden auch die ersten Nächte während einer Nachtwache immer leichter fallen, man sei ruhiger, ausgeglichener, aber nach einer Woche Nachtwache sei es manchmal sehr schwer, immer noch ruhig und ausgeglichen zu sein.

Im Kontakt mit Frau Kretschmer läßt sich körperliche Gewaltanwendung nicht wegdenken. Frau Kretschmer liegt am allerliebsten in ihrem Bett, fixiert, die Decke über den Kopf gezogen.

Im Kontakt mit anderen wird sie sehr schnell gereizt, aggressiv, sie kann dann tätlich werden. Frau Kretschmer hat ungeahnte Kräfte; wenn sie hochaggressiv ist, ist sie dazu in der Lage, mit vollständiger Fixierung, sprich an allen Extremitäten und am Bauch, durch Körperbewegungen mit dem gesamten Bett im Zimmer hin- und herzuspringen. Ihr Bett muß daher am Boden fest fixiert sein. Sie bietet uns massive Probleme, weil sie am liebsten den lieben langen Tag in ihrem Bett liegen würde, eine Bettdecke über sich. Es erfordert massivste Anstrengungen und Auseinandersetzungen, sie zum Aufstehen und insbesondere zum Aufbleiben zu motivieren. Frau Kretschmer schlägt auf die Betreuerin ein, die versucht, sie aus dem Bett zu holen. Versuche, sie im Bett liegen zu lassen, so lange wie sie will, bis sie vielleicht von sich aus will, scheitern, sie enden damit, daß Frau Kretschmer eben nur im Bett liegen bleibt.

Die Betreuerinnen vertreten die Ansicht, daß ihnen eine Auseinandersetzung mit Frau Kretschmer sinnvoller erscheint, als ihrem Wunsch nachzugeben, nur autistisch im Bett zurückgezogen zu leben. Sie sehen sich hier mit der Tatsache konfrontiert, daß die Auseinandersetzung mit Frau Kretschmer zum Teil auch auf körperlicher Ebene stattfinden muß, daß man sie mit körperlicher Anstrengung aus dem Bett ziehen und dabei mit Gewalttätigkeiten von ihrer Seite rechnen muß.

Wenn sie im Bett sein will und gegen ihren Willen im Wohnzimmer auf dem Stuhl ist, fixiert (sie muß ja grundsätzlich fixiert sein, wegen Fremdgefährdung), seilt sie sich auf dem Stuhl so ab, daß die Arme schwarz werden, da diese in den Fixierungsbändern eingeschnürt werden. »Sie muß dann ab«. Auf dem Bett schreit sie auch, aber weniger als auf dem Stuhl, im Bett ist sie entspannter. Frau Kretschmer ist körperlich sehr träge, sie haßt es, sich zu bewegen. Sie soll aber zur körperlichen

Bewegung angehalten werden, zumindest soll sie manchmal über den Flur laufen, da kann sie dann stinksauer werden. Aber die Bewegung tut ihr gut, sie ist danach ruhiger, ausgeglichener. Bewegung ist für sie offensichtlich doch wichtig. Sie ist nur so zum Laufen zu kriegen, indem sich drei oder vier der Betreuerinnen zusammentun und sie freundlich, aber sehr bestimmt gemeinsam »scheuchen.« Es geht sowieso nur, wenn Frau K. nicht besonders angespannt ist, sonst wäre es zu gefährlich. Sie macht grundsätzlich ihr lautes Geschrei dabei, sie vorne weg und wir hinter ihr her. Was muß das für ein Bild abgeben!

Körperliche Gewalt und selbst- und fremdaggressives Handeln bleiben während der Umgestaltung weiterhin Thema, verlieren aber deutlich an Dominanz. Viele der Frauen haben durch Selbstbeschädigung, autoaggressives Handeln, durch Fixierungen, durch damit verbundene mangelnde Bewegung körperliche Deformationen erlitten. In dem Maße, in dem die Frauen ihre Lebenswelt bewältigen können, in dem Maße, in dem sich die Lebenswelt den Frauen annähert, sie akzeptiert und bestätigt werden, können die meisten bei Verstimmung und Ärger neue differenziertere Handlungsvariationen entwickeln und anwenden, werden die starren, aggressiven Handlungsschemata weniger. Ein Schlüssel war »die Badeszene«, hier konnten die Frauen Zugang zu der bisher völlig vernachlässigten weiblichen Identität bekommen und diese Erfahrung entwickeln. Für einige war das lange Baden zunächst »nur« eine Entspannung, ein Ruhepol.

Die Katastrophen beim »Lauftraining«, die nachhaltigen Anforderungen der Betreuerinnen haben schließlich Früchte getragen. Frau Aurach, Frau Kretschmer, Frau Döhn, Frau Starmann, Frau Harbach, Frau Galbas, Frau Mehlhorn, Frau Berlau, Frau Vers, Frau Reske und Frau Kalhor konnten die Station verlassen, »ein Stück der Welt erobern«, an Ausflügen teilnehmen, zwei konnten Ausgang bekommen, alle konnten, kurz gesagt, ihren Erlebnisradius erweitern.

4.4 Entdeckungen von Zeichen und Sprache

Außersprachliche Mitteilungen

In der kleinen Gruppe geht das »Sich-Aufeinander-Einlassen«, das wechselseitige »Sich-Aufeinander-Beziehen« viel leichter; die Anzahl der

Bezugspersonen ist kleiner, die Beziehungen werden überschaubarer und verdichten sich, die Verständigung kann sich vertiefen. Für die Frauen, die nicht sprechen können, entstehen Möglichkeiten, Chancen im Kontakt, sensible Botschaften im außersprachlichen Bereich zu verstehen und zu senden. Für die geistig behinderten Frauen differenzieren sich die Wahrnehmungen der »Anderen«, der Beziehungen in der Überschaubarkeit der kleinen Gruppe. Sie können mehr den Überblick über die Abläufe bewahren und dann die Fähigkeiten entwickeln, sich darauf einzulassen.

Helga Konik lernt innerhalb eines Jahres, ihre Gesichtsmimik in der Kommunikation einzusetzen. Sie bemerkt, daß ihr das Püppchen gebracht wird, wenn sie ihr »Gesicht verzieht«. Das lernt sie einzusetzen, sie lernt es, mit ihrem Gesicht zum Ausdruck zu bringen, wenn sie ihr Püppchen will. Solche sensiblen Botschaften im nonverbalen Bereich können nur auf dem Hintergrund naher Beziehungen entstehen bzw. verstanden werden. Astrid Galbas spricht bemerkenswert mit den Augen, viele Betreuerinnen können verstehen, was sie mit den Augen sagen will. Sie hat diese Fähigkeit schon immer, aber ihre Augensprache fällt in der kleinen Gruppe deutlicher auf, sie kann besonders beantwortet werden, wodurch Frau Galbas sich weiter differenziert. Sie kann vorwurfsvoll, fragend, aufmerksam, aufgeregt und auch fordernd gucken. Sie kann mit den Augen besser als wir alle Botschaften senden. Durch Augenkontakt entsteht auch Beziehung, man wird durch die Augen berührt. Sie kann ihre Stimmung im Gesicht ausdrücken, ob sie sich freut, ob sie etwas will, ob sie sich genüßlich fühlt, wenn sie etwas Gutes gegessen hat. Nach neun Monaten geht sie, wenn sie etwas zu trinken haben will, in die Küche und macht mit Blicken deutlich, was sie will. Sie kann gut Abneigungen und Vorlieben ausdrücken, Mittagessen mag sie gar nicht, sie ißt lieber Brötchen, sie soll aber mittags wenigstens ein bißchen etwas warmes Gekochtes essen. Es scheint, daß sie klare, innere Vorstellungen hat, was sie haben und was sie nicht haben will. Gelegentlich kann man ihr auch die Halskrause, die sie vor Selbstbeschädigung schützen soll, abnehmen, sie trägt sie dann mit sich herum. Sie wird »frecher« in dem Sinne, daß sie mehr eigenen Willen entwickelt. Sie weiß, wer »ihre« Betreuerinnen sind, sie weiß, an wen sie sich wenden will. Manchmal kommt sie in die Küche und will sich etwas holen. Dabei bezieht sie ihren ganzen Körper, Gestik, Motorik in ihr Ausdrucksverhalten ein. Drei Beispiele für nonverbalen Botschaften, die Frau G. nach etwa 20 Monaten differenziert hat:

a (im Sommer): Sie sitzt im Zimmer, kommt raus, läuft zwischen dem Personalzimmer und der Haustür hin und her, sie zeigt damit, daß sie raus will. Vorher ist sie nur rausgegangen, wenn man sie hinausgeführt hat;

b (beim Essen): Sie hat früher erst das Brot gekriegt und gegessen und anschließend den Becher zum Trinken. Jetzt hört sie zwischendurch mit dem Essen auf, guckt auf das Getränk, auf die Betreuerin, auf das Getränk, will durch diesen Blickwechsel zeigen, daß sie zwischendurch etwas zu trinken haben will und bekommt es natürlich;

c wenn sie etwas trinken möchte, macht sie einen ganz langen Hals, in die Richtung, in der das Getränk steht. Jetzt ist sie auch mittags mit nur einer Tasse Milch nicht mehr zufrieden.

Sie kann sich insgesamt viel besser ausdrücken; sie kann weinen, wenn sie Schmerzen hat. Wenn sie böse ist, weint sie nicht, dann macht sie Stimmen, ist »grantig«. Im Tagesablauf kann die Kommunikation mit ihr vertieft werden, z. B. meint die Betreuerin zu Frau Vers: »Komm, jetzt leg Dich mal hin, kannst ja mal die Unterhose ausziehen, so kriegen wir doch keine Windel an,« und Frau Vers lacht, sie zieht sich dann auch wirklich selbständig aus. Sie lacht auch viel öfters.

Auch mit Frau Aurach kann mehr »gesprochen« werden, auch mit ihr entsteht eine differenziertere Verständigung im außersprachlichen Bereich, dadurch mehr Kontakt und Beziehung. Wenn die Betreuerin Frau Aurach verbietet, sich zu beißen, schnell eingreift und ihr die Hand andeutungsweise festhält, unterläßt sie das Beißen nach ca. 15 Monaten, es kann sogar sein, daß man dann kurz von ihr gestreichelt wird. Wenn ihr irgend etwas quer kommt und sie sich ärgert, will sie sich reflexhaft beißen. Frau Steen hat gelächelt, anläßlich eines Besuches der Eltern, ein Lächeln kannten wir auf ihrem Gesicht nicht. Außerdem setzt sie sich vor den Fernseher, zusammen mit den anderen. Es ist zwar nicht klar, ob sie die Vorgänge versteht, aber sie schaut hin und wirkt interessiert dabei. Zuvor hat sie sich nur mit dem Rücken zum Fernseher gesetzt, sie hat überhaupt am liebsten den Rücken dem Geschehen zugewandt, ohne Interesse oder Zeichen des Beteiligtseins zu zeigen. Barbara Godat verständigt sich in Einwortsätzen, das macht sie schon immer, aber nun besteht mehr Möglichkeit, auf sie einzugehen: Z. B. sagte sie zu einer Betreuerin »Zehn,«

diese versuchte dann, durch Nachfragen herauszufinden, was Frau Godat damit meint, nach einer Weile wird dann klar, daß sie am 10. Oktober Geburtstag hat, dann auch etwas geschenkt haben möchte.

Christa Dörr kann nach einem Jahr einfachen verbalen Aufforderungen am Tisch nachkommen. Plötzlich, nach einem weiteren halben Jahr, passiert etwas ganz Neues: Sie trägt, wie inzwischen üblich, ihren Teller nach dem Essen zum Wagen, sieht dort den Joghurt stehen, blickt ihn an, blickt dann eine Betreuerin an und als diese nickt, nimmt sie sich sichtlich vergnügt den Joghurt und begibt sich wieder zurück auf ihren Platz, um ihn zu essen. Es war offensichtlich ein Dialog, eine Frage und eine Antwort. So etwas kannten wir bislang mit ihr noch nicht.

Sprache

Bei sechs der Frauen setzt im Verlauf der Umwandlung die Sprache ein, einige galten vor den Veränderungen als mutistisch, zumindest hatten die Betreuerinnen all die Jahre noch nie ein sinnvolles gesprochenes Wort von ihnen gehört. Einige hatten kaum gesprochen und können das sprachliche Ausdrucksvermögen erheblich erweitern.

Bei jeder ging vor dem Einsetzen der Sprache eine Zeit der Vertiefung bzw. der Erweiterung der Verständigung im außersprachlichen Bereich voraus, sowohl des Verstehens als auch des Botschaften-Sendens.

Christa Dörr gibt jetzt sinnhafte Antworten auf Fragen, wir kannten bislang bei ihr nur Echolalie (richtiges Nachsprechen einzelner Wörter ohne Verstehen des Sinns bzw. ihrer Bedeutung). Das trat nach 19 Monaten völlig unerwartet trat bei einem Cafeteriabesuch auf, sie sagte plötzlich: »Ich möchte Cola trinken.« Dies löste bei den beiden anwesenden Betreuerinnen ziemliche Verwirrung aus, es entstand eine Diskussion, ob dies Zufall war oder weiß der Himmel was oder ob wirklich eine konkrete Botschaft gemeint war. Am folgenden Tag antwortete Frau Dörr auf die Frage: »Was möchtest Du trinken?« mit »Kaffee oder sonstiges.« Jetzt ist es klar, Frau Dörr spricht wirklich. Beim nächsten Caféteria-Besuch geht sie ganz alleine zur Theke, sie kommt mit den Dingen, die sie offensichtlich haben wollte, zurück, sie bestellt mit leiser, leiser Stimme, aber in ganzen Sätzen. Heute morgen wurde sie gefragt, ob sie Kaffee möchte, und sie antwortete, nachdem sie auf Judith Garbe, die Müsli hatte, geblickt hatte: »Müsli«.

Auf die Frage einer Betreuerin: »Wer bin ich?« antwortet sie mit: »Ich weiß es nicht.« Aber auf Fragen hin nennt sie die Namen aller ihrer Mitbewohnerinnen. Besonders eine Betreuerin, die sich sehr viel mit ihr beschäftigt, kann sich inzwischen gut mit ihr unterhalten. Sie fängt immer mehr an, inhaltlich zu sprechen, z. B. sagt sie: »Kaffee will ich«, »was trinken«, »Müsli will ich«, »bitte Schlüssel, will auf's Klo gehen.« Sie nimmt mehr Kontakt auf, sie nimmt auch Blickkontakt auf, hält ihn, sie lächelt. Sie reagiert auch mimisch und im gesamten Ausdrucksverhalten vermehrt auf die Betreuerinnen.

Eines Morgens beim Baden war alles ein bißchen eilig, während die Betreuerin einer Frau ein Kleid überstülpte, reichte sie Daniela Berg die Strumpfhose, es war alles ein bißchen schwierig, plötzlich sagte Frau Berg zu der Betreuerin: »Danke«. Vor vielen Jahren hatte Frau Berg manchmal ein paar Worte gesagt. Es ist so lange her, daß die Betreuerinnen es schon vergessen hatten.

Claudia Vers kann nach eineinhalb Jahren Freude zeigen. Sie stellt sich vor den Vogelkäfig, steht manchmal eine halbe Stunde davor und lacht. Sie hält Blickkontakt, sie strahlt durchaus auch mal jemanden an. Wir haben den Eindruck, daß sich bei ihr das Gefühlsleben differenziert. Nach 22 Monaten sagt sie erstmalig etwas, eine Betreuerin sagt zu ihr: »Guck mich doch mal an.« Frau Vers schaut sie an, strahlt und sagt: »an«. Das ist das erste Mal, daß sie etwas gesagt hat, daß sie eine verbale Äußerung von sich gegeben hat. Ansonsten kannte man ihre Stimme nur vom Brüllen. Eine Betreuerin sagt zu ihr: »Sag doch mal Annemarie zu mir.« Frau Vers antwortet: »Anna, Anna«. Sie ist bereit, etwas aufzunehmen, etwas anzunehmen. Vor der Gruppenbildung saß Frau Vers meist fixiert auf dem Stuhl, hat »Gebärden«, schreckliche Grimassierungen und Körperverdrehungen gemacht, geschrieen, den Stuhl demoliert mit dem Ziel, ins Bett gebracht zu werden.

Neulich, als Frau Aurach nur ganz unwillig einer Aufforderung betreffend der Haushaltsführung folgte, hat die Betreuerin sie gefragt: »Kommst Du denn mit heim bei mir spülen?« Inge Aurach antwortete: »Mein Bett ist mir lieber,« macht offensichtlich einen Witz. Sie sagt, nach knapp zwei Jahren, manchmal: »Nein«, oder: »Ich habe keine Lust mehr.« Sie kann sich besser und differenzierter abgrenzen. Auch Willensäußerungen kann sie klarer von sich geben. Manchmal verlangt sie jetzt auch etwas mehr zu essen.

In einer Nacht regt sich Frau Steen, die gegen 23 Uhr geweckt, aus der Fixierung gelöst und zur Toilette geführt wird, sehr darüber auf, daß die Bettvorleger falsch herum liegen, da flippt sie aus, sie will sie richtig hinlegen. Margit Reinhold wacht auf, dreht sich im Bett nach vorne herum, beobachtet das Ganze und sagt: »Du Kalb«. Frau Reinhold hatte vorwiegend ein: »äh, äh, äh«, eine Art »Laute-von-sich-geben« als sprachliche Äußerung zum Kontaktherstellen zur Verfügung, gelegentlich konnte sie ein gesprochenes Wort einsetzen, meist um darauf hinzuweisen, daß sie den Begriff eines Dinges kannte: »Eimer«, »Honig«.

Sie hat als Kind in der Schule, vor einem weiteren Intelligenzabbau, Lesen gelernt. Sie hat z. B. schon immer aus Märchenbüchern vorgelesen, wir haben den Eindruck, ohne etwas zu verstehen. Aber sie hat Lesen gelernt. Manchmal kriegt sie riesige Lust, sich der Leistung zu vergewissern und sie hervorzuholen, vor einigen Jahren hat sie an einem Tag das Dornröschenbuch laut durchgelesen. Aber im Kontakt mit ihr konnten wir uns nie klar werden, ob sie gesprochene Worte versteht; von solchen Gelegenheiten wie auf dem Weihnachtsmarkt abgesehen, wenn sie auf die Stände deutete und sagte: »Popcorn« oder »Nüsse«. Sie wird – nach fast zwei Jahren, einer langen, zähen Zeit, als wir alle schon dachten, hier tut sich überhaupt nichts – aufgeweckter, sie »wacht zunehmend auf«. Sie gibt passende Antworten, gibt deutliche Willensäußerungen von sich. Jetzt auf dem Weihnachtsmarkt – alle hatten schon ein bißchen was gegessen, die zwei Betreuerinnen aßen dann Hefeklöße – war Susanne Reinhold ganz aufgeregt vor Lust auf weiteres Essen, versuchte aber, sich zusammenzunehmen. Eine Betreuerin fragte sie dann, ob sie auch noch etwas wolle. Frau Reinhold kam auf sie zu, drückte sie, nahm ihr Gesicht in beide Hände, drückt die Wange und seufzte erleichtert: »Pommes Frites«. Sie spricht viel mehr. Eines Tages steht sie dann an der Tür und sagt: »Hier, ich geh jetzt mal raus.«

Heute Morgen (nach 19 Monaten) im Bad, die Betreuerin war mit Frau Lorenz beschäftigt, wollte Frau Steen etwas von ihr, sie ging nicht auf sie ein. Frau Steen kam dann von sich aus auf die Betreuerin zu, hatte den BH in der Hand und sagte: »Zumachen«. Sie hat all die Jahre hier noch nie gesprochen. Im Kontakt mit ihr war man ganz selbstverständlich auf ihre nonverbale Zeichen eingestellt.

Frau Steen konnte schon immer schön singen, gelegentlich tat sie das, bei diesen seltenen Gelegenheiten konnte man ihre Stimme hören, sie sang Kinderlieder. Sie kann also ihre Stimme zu Worten formen. Bis zu ihrer

Meningitis (im Alter von 4 Jahren) hatte sie ja einen Sprachschatz aufgebaut. Seitdem hat sie bis jetzt nie wieder gesprochen. Bei einem gemeinsamen Abendessen in einer Gaststätte hat sie mitten drin »keinen Bock mehr«, sie legt einer Betreuerin die Handtasche um die Schulter, sagt deutlich: »Heimgehen«. Dabei schielt sie allerdings auf deren Altbierflasche auf dem Tisch, sie hat selber eine Cola vor sich stehen. Sie erhält dann ein wenig Altbier zum Probieren, es schmeckt ihr sichtlich gut, sie darf sich daraufhin auch eine Flasche Altbier bestellen. Für den Rest des Abends sitzt sie dann zufrieden dabei, sie äußert nicht mehr den Wunsch nach Hause zu gehen. Dabei erstreckt sich das Essengehen über einen recht langen Zeitraum, die Gruppe ging um 18.00 Uhr los und kommt erst um 22.00 Uhr wieder.

Sie sagt inzwischen: »Komm, komm«, »Bett«; einmal antwortete sie auf die Frage: »Na, wo willst Du denn hin?«, »ins Bett«, sie durfte dann auch sofort ins Bett, damit klar ist, daß die Botschaft angekommen ist. Sie lernt, Entscheidungen für sich zu treffen, antwortet z. B. auf die Frage: »Was willst Du denn haben?« mit: »ne Birne«, »noch Kaffee«, »Wurst haben«. Sie spricht zwar leise, drückt aber sprachlich Bedürfnisse aus: »BH«, »zumachen«, »Schlüssel«. Sie singt leise Lieder vor sich hin. Sie kommt Aufforderungen nach: »Bring den Teller her«, »bring das Tablett nach oben«. Sie hat vorher so etwas noch nie gemacht, sie machte immer den Eindruck, als würde sie gar nichts verstehen.

Marion Beckstein stürzte grundsätzlich auf einen zu, wich einem nicht mehr von der Seite und redete pausenlos unablässig drei stereotype Sätze auf einen ein, deren Sinn man nicht verstand, nämlich: »Was gibt es heute, Fleisch, Kartoffeln, sind wir satt, ja,« oder »Rotz und Wasser auf den Kaffee geweint« oder »Haare gewäsche, Haare gewäsche«. Die schnelle, hastige Sprechweise wirkte erstarrt und automatenhaft. Dabei ist sie sehr bedrängend, anklammernd, will Arm in Arm gehen, Gesicht dicht an Gesicht und pausenlos die Sätze direkt in's Ohr reden. Es war nie zu unterscheiden, ob sie damit Konkretes erzählen möchte oder ob dies einfach ihre Art ist, durch Laute im Kontakt zu sein, ohne diesen Sätzen einen besonderen Sinn zuzuordnen. Es war einfach nicht klar, ob sie eine inhaltliche Botschaft mitteilen möchte oder ob sie einfach zeigen wollte, daß sie sich freut, einen zu sehen. Zu dieser Frage gingen die Meinungen auseinander. Aber es gab bisher wenig Zeit, wenig Gelegenheit, die Antwort zu ermitteln. Sie kommt also grundsätzlich aufgeregt angestürzt, wenn sie einen sieht, und da das ja ständig der Fall ist, nervt sie dann bald furchtbar. Erleichternd auf die

Situation wirkt, daß Frau Beckstein in ihrem Wesen etwas sehr Sympathisches hat. Ihr Kontaktbedürfnis und ihre Beziehungswünsche wecken Sympathie, trotz aller Zähigkeit hat sie einen freundlichen, eigenen Charme. Aber dennoch, spätestens, wenn man länger im Dienst ist, nervt das so, daß man »zumacht«, nicht mehr so hinhört, kein richtig offenes Ohr mehr hat, Marion Beckstein läuft »ins Leere«. Das kann man nicht verhindern. Das traurige Ergebnis ist dann, daß der Kontakt aneinander vorbeiläuft. Mittlerweile, nach 22 Monaten, sind zu ihrem Wortschatz eine bedeutende Anzahl völlig neuer Sätze dazugekommen, mit denen sie zwar auch unablässig auf einen einredet, die aber ganz klar Nachrichten ausdrücken, sie will etwas erzählen: »Roswitha muß mich baden«, »Spiegel gucken, Spiegel gucken, fein gekämmt«, »Wiedersehen sagen, Wiedersehen macht Freude, Wiedersehen sagen.«

Ihr Erzähldrang ist immer noch sehr anstrengend, häufig erscheint er stereotyp, aber zunehmend kann man hinter den stereotypen Sätzen, die an Vielfalt gewinnen, Inhalte erkennen.

Inzwischen ist Frau Beckstein so gut im Kontakt, von solcher Pfiffigkeit, mit solcher Intelligenz kennen wir sie noch gar nicht. Sie kann inzwischen durchaus erzählen, was sie bewegt, was passiert ist, z. B. wiederholt sie ca. 30mal: »Frau Metz ist dagewesen, Gerda auf Wiedersehen sagen« (Frau Metz wollte gehen und Gerda Lein hatte noch nicht auf Wiedersehen gesagt). Und das ist das grundlegend Neue, daß sie etwas erzählen kann oder will, was sie erlebt hat. Es fällt oft schwer, dies herauszuhören, denn sie erzählt unablässig stereotyp, in gleichem Rhythmus, mit gleichem Stakkato und gleichem Ausdruck. Dies bedeutet, daß man jetzt immer genau zuhören muß, ob sie etwas erzählt oder ob sie einfach durch Laute im Kontakt sein will.

Sie kann sich sprachlich, symbolisch, im Kontakt differenzierter verständigen. Sie hat jetzt erzählt: »Gabi hat gestern alle gewaschen«. Sie hat auch ein neues Kleid vorgestellt, das sie sich bei einem Stadtbummel selber ausgesucht hatte. »Hab' neues Kleid, hab' neues Kleid, hab' neues Kleid«. Sie erzählt auch, was am Vortag passiert ist, daß der »Papa da« war. Als der Ehemann einer Betreuerin anruft, denken die anderen Bewohnerinnen ganz selbstverständlich, es sei der Vater, Frau Beckstein hebt den Zeigefinger hoch und sagt: »Ist nicht ihr Vater, ist nicht ihr Vater, ist ihr Mann.« Abends bringt sie gerne den Wäschekorb nach oben in die Gruppe, sie sagt dabei: »Schaffe helfe«. Zuvor hatte sie sich noch nicht einmal dreinfinden können, nach dem Essen Teller wegzuräumen. Auf konkrete Anforderung diesbezüglich bekam sie regelmäßig einen lauten Gähnanfall und blickte »rammdösig«. Früher war sie auch von der Gesichtsmimik starrer, wirkte abgetrennter, stereotyper. Jetzt hat sie klare Augen bekommen, ein lebendigeres Gesicht, lebendige Mimik.

Dann versorgt sie sich bei einem Besuch in der Cafeteria ganz alleine. Sie erhält Geld, geht an die Theke, sie ist dazu in der Lage, sich zu entscheiden, was sie kaufen möchte, sie nimmt sich also eine Tasse Kaffee und ein Stück Kirschkuchen. Damit kommt sie dann nicht an den Tisch, wo wir anderen sitzen, sondern geht entschlossen auf einen Tisch zu, an dem eine Gruppe geistig behinderter Männer einer anderen Station sitzt und noch ein Stuhl frei ist. Sie setzt sich und scheint sehr zufrieden, unterhält sich mit der neben ihr sitzenden Begleiterin. Anschließend läuft sie in der Cafeteria umher, stellt sich zu diesem und zu jenem Tisch. Man kann später an ihren Sätzen erkennen, was sie so an Gesprächsfetzen anderer Leute mitbekam, sie wiederholt nämlich das, was andere zueinander gesagt hatten. Nachdem sie Kaffee getrunken und Kuchen gegessen hat, räumte sie von sich aus das Geschirr weg und auch noch zusätzliches anderes zurückgelassenes Geschirr.

Sie mag seit vielen Jahren den Ehemann einer Betreuerin sehr. Einmal bei einem Besuch folgt sie ihm dicht auf den Fersen, schäkert offensichtlich, fragt lachend: »Wie heißt der Mann, wie heißt der Mann?« (Sie weiß genau, wie er heißt). Die Betreuerin fragt scherzend zurück: »Na Marion, wie heißt der Mann?« Frau Beckstein antwortet: »Ist Marions Mann, ist Marions Mann,« sie lachte dabei viel und sagt selber dazu:»Marion muß lachen.« Damit will sie offensichtlich scherzend sagen, es sei ihr eigener Mann, neckt die Betreuerin, ihn ihr auszuspannen. Sie macht einen Scherz und möchte das auch so verstanden wissen.

Die beschriebenen Entwicklungen der non- und verbalen Kommunikation benötigen einen anregenden Kontext, die Aufmerksamkeit und Zuwendung der Betreuerinnen, eine Atmosphäre, in der sich das Gefühlsleben und ein Dialog entwickeln können. Es fällt auf, daß vor dem Verwenden der Sprache als Kommunikationsmittel (Ute Steen, Marion Beckstein, Claudia Vers, Christa Dörr, Ika Aurach, Margit Reinhold) ein Klima entsteht, in dem außersprachliche Kommunikation größeren Raum hat, eine Differenzierung in der nonverbalen Verständigung vorausgeht (besonders ausgeprägt bei Christa Dörr, Astrid Galbas, Helga Konik).

4.5 Entdeckungen von Körperlichkeit und Körper-Ich[2]

In diesem Abschnitt möchten wir von den veränderten Körpererfahrungen der geistig behinderten Frauen berichten, von sich entwickelnden Formen der Körperpflege, den Mobilisierungsversuchen und den Bewegungsangeboten, von einigen körperlichen Funktionen.

Das Angebot der Körperpflege wird von den Frauen gerne angenommen, die Bewegungsangebote hingegen werden anfänglich fast gehaßt Auf eine wichtige körperliche Dimension, die Sexualität, können wir an dieser Stelle leider nicht eingehen.[3]

Von der Hygiene zur Körperpflege

Die tägliche Körperpflege soll nicht mehr zwangsläufig morgens stattfinden, wie bisher üblich, sondern dann, wenn mehr Zeit ist. Das kann auch abends sein, wie das z. B. in der »Gruppe unten« der Fall ist. Morgens ist hier wenig Zeit, sondern Hektik. Zwei der Bewohnerinnen müssen um 8.00 Uhr in der Arbeitstherapie sein, viele Anforderungen »im Stationsablauf« drängen gerade morgens. Da kommt die Körperhygiene über den nützlichen Aspekt, eben sauber zu sein, nicht hinaus.

Wenn mehr Zeit ist, kann aus der nützlichen raschen Hygiene eine liebevolle Körperpflege werden, eine Hinwendung zur Erfahrung mit dem Körper-Ich. Vielleicht ein Duftwässerchen ins Badewasser und eine schöne Hautcreme? Diese Vorstellungen knüpfen an zaghaft durchschimmernde Wünsche einiger geistig behinderter Frauen an, die jedoch bislang keinen Entfaltungsspielraum hatten. Nach dem gemeinsamen Abendessen kommt jetzt die »Badeszene«, den meisten macht bald das abendliche Waschen und Baden

---

[2] Unter Körper-Ich verstehen wir eine Bewußtheit des Individuums um seinen Körper, ein Gewahrwerden der Bedeutung des Körpers in organischer, sozialer, kommunikativer, identitätsstiftender Hinsicht, ein Bemerken der eigenen körperlichen Ausstrahlung.

[3] Material dazu gibt es in einer eindrucksvollen Fülle, es ist aber von solcher Intimität, daß wir vor einer Veröffentlichung Scheu haben, da wir die Frauen leider nicht fragen können, ob sie damit einverstanden sind. Wir sind selbstverständlich nicht der Auffassung, daß sich solche Beschreibungen grundsätzlich verbieten und uns ist die Relevanz dieser Dimension sehr deutlich, aber wir haben für dieses Buch beschlossen, nicht in diesen intimen Bereich vorzudringen.

Freude, mit wohlriechenden Düften von Seife und Schampons. Bald schweben im Bad viele kleine Wasserwolken. Die »Bad-Kultur« erweist sich als Basis und Fundament für Erfahrungen mit der Körperlichkeit, der genußvollen Beschäftigung mit dem Körper und damit der Hinwendung zu sich selbst.

Einige Frauen föhnen sich inzwischen untereinander im Badezimmer die Haare. Dies wurde nicht trainiert, sie entwickelten es eigenständig. Sie guckten es sich von einander ab oder haben es sich gegenseitig beigebracht. Barbara Godat obwohl sie blind ist, bringt dazu alle erforderlichen Sachen. Sie fühlt mit der Hand den Abstand des Föhnes zum Kopf, sie macht diese Arbeit ausgesprochen gerne. Die anderen wenden sich jetzt auch an sie, damit sie ihnen die Haare föhnt. Ute Steen läßt sich jetzt auch die Haare föhnen, so etwas hat sie zuvor niemals akzeptiert.

Die Stimmung ist entspannter, normaler, ruhiger. Im Bad war früher immer ein riesen Durcheinander, aufgrund des notwendigen Arbeitsaufwandes sind die »Patientinnen« schnell in der Badewanne gewaschen worden. Das ist jetzt alles ganz anders. Es ist ganz gemütlich, man kann auf individuelle Waschbedürfnisse eingehen. Oft wird beim Baden das Radio angemacht. Es ist mehr Zeit.

Fast sofort mit Beginn der »Badkultur« entdeckt Suse Reske ihr Äußerliches, ihre Körperlichkeit. Sie fängt an, sich im Spiegel zu betrachten, was vorher nie der Fall war. Sie bemerkt, daß ihr die Kleidung wichtig ist. Sie genießt es, mehr Zeit im Bad zu haben, entdeckt, daß sie gerne badet. Sie möchte sich am liebsten täglich die Haare waschen und föhnen. Zuvor lief sie, sich selber und anderen gegenüber achtlos, in angeschmuddelter oder leicht eingerissener Kleidung herum, haßte es, sich die Haare zu waschen. Hygiene war ihr eine fremde Last, die der ständigen Führung und Anleitung des betreuenden Personals bedurfte. Zuerst brachte sie zum Baden immer nur die Hälfte aller Sachen mit, war mürrisch, schlecht gelaunt, vergaß entweder Schuhe oder Nachthemd, den halben Schlafanzug und dergleichen. Allmählich bringt sie sämtliche Sachen mit.

Auch Barbara Godat entdeckt ihre Weiblichkeit, sie möchte schön sein. Früher »meckerte« sie jedesmal, wenn die Lockenwickler zu lange drin waren, jetzt beschwert sie sich, wenn die Haare nicht richtig aufgedreht worden sind. Das überprüft sie, auf beiden Augen blind, sehr genau. Sie »leidet« jetzt für die Schönheit, sitzt kerzengerade beim Aufdrehen da. Sie mag duftende Pflegemittel, bevorzugt Gesichtscreme und Deo's. Sie achtet jetzt auf ihre Kleidung, trägt am liebsten lange Hosen und Pullover.

Ebenso beginnt Marion Beckstein, nach etwa einem Jahr, Wert auf ihr Äußerliches zu legen. Sie schaut sie sich im Spiegel an. Wenn die Haare zu lang sind, ist sie unzufrieden mit ihrer Frisur. Auf Bitten kämmt sie mal Heike Lorenz, sie macht die Erfahrung, daß sie auch anderen durchaus helfen kann. Ihr Selbstgefühl und ihre Selbstachtung wachsen. Sie liebte schon immer das Baden, das Liegen in der Wanne. Sie kann jetzt, wenn sie mag, zweimal baden, morgens und abends. Einmal war es nicht möglich, da war sie so enttäuscht, daß sie kaum die Tränen zurückhalten konnte.

Loni Rüb ist gern im Bad, sie verbringt am liebsten Stunden dort, wäscht sich lange und gründlich, nimmt gerne Deo-Sprays, reibt sich mit Creme ein, pflegt sich. Sie hat lustvolle Freude an der Körperpflege. Hierfür ist Zeit im Verlauf des Vormittags, sie kann in aller Ruhe allein im Waschraum sein. Dies hat offensichtlich für sie entspannende Wirkung. Wenn sie dann gedrängelt wird, kann es schon zu aggressiven Ausbrüchen kommen. Manchmal kann sie so bis 10.00 Uhr morgens für sich einfach im Bad sein.

Beate Starmann, sie ist schwer autoaggressiv (sie hat sich schon vor vielen Jahren beide Augen blind geschlagen), soll länger und öfter baden können, da sie dies gerne hat und ihr gut bekommt. Sie kann, nach etwa einem Jahr, alleine in die Wanne gehen. Sie hat zwar Angst, auszurutschen und greift schon immer ganz fest an die Betreuerinnen, um sich festzuhalten, manchmal so fest, daß es weh tut, so daß einige erst dachten, es sei aggressiv, aber sie hält sich nur sehr fest. Sie badet so gerne, sie kann jetzt jeden Tag baden. Sonst ist sie so oft angespannt, unruhig, autoaggressiv, sie klopft ständig, sie schläft schlecht, sie schreit. Sie spuckt abends ihr Brot aus. Manchmal verweigert sie sogar Bananen, die sie doch so gerne ißt. Es scheint, als wolle sie sich nichts Gutes gönnen. Beim Baden kann sie sich entspannen, da ist sie dann ganz ruhig, sie reguliert das Wasser selber nach heiß und kalt. Sie kann jeden Morgen baden und genießt ihre Wasserspiele. Aber sie ist nur beim Baden selbst entspannt, es wirkt sich nicht auf ihr sonstiges Verhalten aus. Sie ist weiterhin sehr autoaggressiv, quält sich, sie tritt sich insbesondere. Aber man kann sie doch nicht den ganzen Tag in der Badewanne lassen!

Andrea Kretschmer (außerhalb des Bettes sonst eher aggressiv) badet ebenfalls sehr gerne, vor allen Dingen muß das Wasser sehr heiß sein, je heißer es ist, umso wohler fühlt sie sich, das kann sie ja jetzt auch regelmäßig. Sie liebt den Geruch der Seife und riecht an ihr. Beim Baden aalt sie sich gerne. Dann geht sie am liebsten zurück in's Bett.

Beweglichkeit und das Verlassen der Station

Es werden regelmäßige Spaziergänge veranstaltet, die anfänglich von den meisten der Frauen gehaßt werden, so daß wir weniger von Spaziergang, sondern von Lauftraining sprechen. Zumindest sollte jede Bewohnerin, die laufen kann, am Tag wenigstens einmal eine Strecke bis zum Nachbarhaus, ca. 50 m entfernt, laufen, was die meisten zuerst als pure Schikane empfinden. Die Häuser liegen am Waldrand, die frische Luft tut gut, zumindest nach unserer Auffassung. Mit Frau Aurach hat das am ersten Tag eine halbe Stunde gedauert. Sie ist zum einen »laufmäßig stinkefaul«, betrachtet jeden Schritt als eine Wanderung, aber sie ist auch sehr unsicher. Kürzlich sind zwei Betreuerinnen mit Frau Konik, Frau Starmann, Frau Döhn und Frau Kretschmer »im Gelände«, dem hauseigenen Park, herumgelaufen, es entwickelte sich zu einer leichten Katastrophe. Frau Kretschmer wurde stinksauer, bekam den »bösen Blick«, rollte die Augen. Frau Döhn war auf dem Rückweg so sauer, daß sie sich einfach nur noch auf den Boden schmiß. Als man versuchte, auf sie einzureden und zum Aufstehen zu bewegen, wurde sie nur noch steifer und verstockter. Der Rest der Gruppe ist dann einfach weitergelaufen. Frau Döhn ist dann von selbst aufgestanden und nachgekommen, aber dies hat sich x-mal wiederholt. Frau Starmann ist sehr verunsichert gewesen, weil sie die Strecke nicht kannte, sie mußte am Arm geführt werden. Bei einem Spaziergang zum Friedhof, ca. 200 m im Park auf dem Gelände und dann nochmal ca. 100 m in den Waldweg hinein, an dem Frau Harbach, Frau Galbas, Frau Berlau, Frau Mehlhorn teilnahmen, hat sich Frau Berlau irgendwann geweigert weiterzugehen, sie durfte dann mit Frau Mehlhorn, die sich wie eine mütterliche große Schwester um sie sorgt, zurückbleiben. Auf dem Rückweg wurden sie dann wieder »eingesammelt«, sie gingen dann mit zurück. Frau Vers und Frau Galbas, die sich fast nie außerhalb der Station bewegt haben, waren auch dabei. Frau Vers war ja fast dauerfixiert. Sie muß das körperliche Sich-Bewegen, das freie Laufen wieder lernen und zeigt sich hier natürlich widerwillig. Da sie jetzt keine Schuhe mehr zerreißt, können endlich orthopädische Schuhe (wegen der Folgen von Dauerfixierungen an den Füßen, Deformierungen) zum Spazierengehen verordnet werden. Nach ca. eineinhalb Jahren macht sie regelmäßig mit bei dem täglichen
  Laufen zum Nachbarhaus hin und wieder zurück. Bald geht sie mit spazieren, geht auch den Berg hinunter, vom ersten zum zweiten Nachbar-

haus, sie hat inzwischen Spaß daran. Anfangs beim Erlernen des Berghinunterlaufens und überhaupt beim anfänglichen Spazierengehen hatte sie große Angst. Sie hat sich einfach alle fünf Meter auf den Boden fallen lassen.

Frau Aurach soll auch beim täglichen kleinen Spaziergang zum Nachbarhaus mitmachen. Der Rückweg geht immer recht schnell, auf dem Hinweg versucht sie zu schummeln. Bei schlechtem Wetter soll sie zumindest auf der Abteilung die Flure auf- und abgehen. Auch Lisa Berlau geht jetzt bei Spaziergängen mit. Sie lief erst immer nur bis zur Hälfte, dann gab es Theater. Sie kann sich nunmehr im Freien bewegen. Zuvor ist sie höchstens von der Haustür aus auf den Vorplatz direkt zur Gartenbank nahe der Tür gegangen. Zu weiterem Ausschreiten war sie nicht zu bewegen. Inzwischen geht sie mit auf dem Gelände spazieren. Das Training erfolgte stufenweise: erst bis zur vertrauten Gartenbank, dann ein Stück weiter zum Nachbarhaus, die Bank noch in Sicht, dann noch ein Stückchen weiter. Nach etwa 20 Monaten soll die Cafeteria probiert werden. Sie läuft jetzt auch schon mal ein Stückchen alleine vor. Zu Beginn des Laufens hatte sie große Angst, sie lief grundsätzlich nur an der Hand. Jetzt läuft sie alleine mit.

Frau Mehlhorn hatte schon immer ihre besondere Welt, in der sie auf der Abteilung lebt, sie befindet sich, hier ist ihre Auffassung unverrückbar in einem ständigen Urlaub in Italien. Sie hatte z. B. immer Angst und Widerwillen, überhaupt nur den Fuß vor das Haus zu setzen. Auch früher schon wurde immer wieder versucht, sie zu Fahrten mitzunehmen, sie erbrach dann aus Ärger und Angst häufig in den Bus. Bereits nach einigen Monaten geht sie gerne mit auf kleine Spaziergänge, Festlichkeiten und Veranstaltungen auf dem Gelände des Krankenhauses. Nur »in's Ort« (die Ortschaft, an deren Rand die Landesnervenklinik liegt) will sie nicht, da verwehrt sie sich. Insgesamt besteht sie nachhaltiger auf dem, was sie möchte. Sie kann jetzt tatsächlich mal: »Nein« sagen. Ihr Aktionsradius erweitert sich, auch ihre Abgrenzungen, ihre Wünsche. Sie besteht darauf, eine Zeitung haben: »Will e' Heftel«(ein Heftchen), wenn sie auf später vertröstet wird, erinnert sie später daran, kommt, sagt: »Schwester, e' Heftel.«

Körperfunktionen

Frau Beckstein, Frau Steen, Frau Lorenz und Frau Godat hatten alle lange Zeit ihre Mensis nicht mehr. Sie haben einige Zeit nach der Umstellung alle – das Erstaunliche ist wirklich die große Anzahl der Frauen – wieder ihre Mensis.

Ist es eine Wiederherstellung gesunder psychosomatischer Abläufe durch eine Normalisierung, eine Geschlechtsidentität fördernde und unterstützende Umgebung? Kehren die körperlichen weiblichen Funktionsabläufe zurück? Liegt es daran, daß die Bewohnerinnen sich jetzt selbst mehr wahrnehmen können?

Auch die Vergabe von Abführmitteln hat radikal abgenommen. Regelmäßig bekommt jetzt nur noch Frau Galbas Abführmittel, Frau Konik nach Bedarf. Zuvor hatten fast alle Frauen chronische Verstopfung, offensichtlich mitbedingt durch die Bewegungsarmut, so daß sie Abführmittel einnehmen mußten, die an zwei festen Tagen in der Woche standardmäßig, automatisch an alle verabreicht wurden.

4.6 Entdeckungen von Beziehungen

Die geistig behinderten Frauen erleben die Umwandlung, da diese eine Loslösung aus vertrauten Gewohnheiten bedeutet, auch als Verunsicherung. In der Übergangsphase benötigen sie daher eine besonders aufmerksame Begleitung. Besonders Frau Kalhor (s. Kap. Individualität/ Aneignung der Räume) und Frau Reske[4] zeigen eine große Verletzlichkeit und Empfindlichkeit. Sie brauchen in der ersten Zeit der Umgestaltung sehr viel Anerkennung. Nach der ersten Zeit der Umstellung entwickelt sich aus dem erweiterten Handlungsspielraum mehr gegenseitige Aufmerksamkeit, sowohl gegenüber den Betreuerinnen als auch untereinander. Spontan

---

[4] Frau Reske hat am Anfang gewaltige Schwierigkeiten, alle Veränderungen im Tagesablauf bereiten ihr Angst und Unbehagen. Wir haben den Eindruck, daß sie »überrollt« wird von all dem Neuen; besonders sie braucht klare, haltgebende Orientierungspunkte. Sie kann sich über Tage in eine Erregung steigern. Dann fällt auf, daß sie an der Arbeitstherapie massive Schwierigkeiten entwickelt (die letzten Jahre war sie hier relativ geordnet), lügt, stiehlt, für aggressive Unruhe sorgt, andere kommandiert, sich »ausbreitet«, während sie »zu Hause« mit sichtlicher Anstrengung versucht, sich zusammenzunehmen, und eines Tages bringt sie den Betreuerinnen Bonbons als Geschenke mit! Hier fragen wir uns, ob das Problem an der Arbeitstherapie vielleicht als Verlagerung ihrer psychischen Anspannung, bedingt durch die Veränderungsängste im neuen Gruppenleben, zu verstehen ist, ob die auf Veränderungen sehr sensibel reagierende Frau hier ihre Gefühle aufspaltet, die Wohngruppe (in der sie sich doch zunehmend wohlfühlt, aber Angst hat, nicht zurecht zu kommen) innerlich »in Ordnung« hält, ihre Schwierigkeiten hingegen auf den Arbeitsplatz überträgt.

setzen sich die Frauen der »Gruppe unten« eines abends zu einer »Schwätzrunde« zusammen, die dann zu einer beständigen Einrichtung nach dem Abendessen wird. In den beiden »Gruppen oben« treffen sich die Frauen regelmäßig nach den Mahlzeiten zu Raucherrunden, an denen dann auch die Nichtraucherinnen, je nach Kontaktfähigkeiten, teilnehmen. In allen Gruppen wird eine »kleine Runde« zu einer ständigen Gepflogenheit. Die Beziehungen und Freundschaften zwischen den behinderten Frauen werden differenzierter.

Die Freiräume zu einem differenzierteren Beziehungsgefüge sind von den Frauen gut aufgenommen worden. Bei einigen haben diese Möglichkeiten aber auch überraschenderweise Unsicherheit, Angst und »Schwierigkeiten« ausgelöst.

»Die Kleine Runde, ein Kreis zum Schwätzen«

Es ereignete sich, halb geplant, halb zufällig entstanden, folgendes: Abends vor dem Schlafengehen, nach dem Baden, saßen alle Frauen der Gruppe unten am großen, gemeinsamen Eßzimmertisch zusammen. Es war eine familiäre Atmosphäre, angeregt, man plauderte. Es war ganz gemütlich, es gab sogar Eierlikör. Als die Praktikantin dazukommt, steht Susanne Reske auf und holt ihr ein Glas. Einige der Frauen deuten einladend auf einen freien Stuhl, offensichtlich ist hier ein Platz für sie. Frau Reske erzählt dann von einem Ärger, den sie zur Zeit in der Arbeitstherapie (AT) mit einer Kollegin hat. Das Klima am Tisch scheint so zu sein, daß man Lust hat, von Persönlichem zu erzählen, was einem am heutigen Tage so widerfahren ist, was man so erlebt hat. Susanne Reske hatte bislang von dem Ärger, den sie zur Zeit in der AT hat, immer nur sehr dosiert auf Nachfragen hin erzählt. Zu einer »kleinen Runde« kommen ab dann abends immer alle oder einige zusammen, es wird eine Tradition. In beiden Gruppen oben hat sich für die Raucherinnen morgens, mittags und abends nach dem Essen eine gemeinsame Zigarettenpause eingespielt, an der dann auch andere, die ein solches Treffen genießen können, teilnehmen. Dadurch kommt es nach den Mahlzeiten zu einem »Beieinandersitzen«. Meist dauert diese kleine Gruppenrunde etwa 1/4 Stunde bis 20 Minuten, ein informeller kleiner Kreis mit einem Gefühl von Gemeinschaft.

Frau Dörr soll demnächst auch einbezogen werden, denn sie kriegt es gut mit und trinkt gerne Bohnenkaffee. Einige bleiben übrig: Frau

Kretschmer liegt mittags im Bett, Frau Starmann will nicht so recht und hat keinen Spaß dran, Frau Harbach »tigert« eher herum und ist eh nicht dazu zu bewegen, nicht dazu in der Lage, sich zu einer Gruppe zu setzen, dazu ist sie psychomotorisch viel zu unruhig.

Die »kleine Runde«, das Beieinandersitzen erweist sich als hilfreich während der täglichen Arbeitshektik, wenn z. B. gerade keine Zeit ist und eine Bewohnerin etwas fragen, erörtern möchte, kann auf diese Runde verwiesen werden. Dies wird auch eingehalten. Die anwesenden Betreuerinnen setzen sich dazu, ein bißchen gemütlich, nähen z. B. etwas dabei. Das Angebot für eine solche Gesprächs- oder Kontaktrunde, sei es einfach so zum Schwätzen oder um »irgend etwas los zu werden«, wird ein fester, integrativer Bestandteil im Tagesablauf. Er hat eine entlastende und identitätsstärkende Funktion nicht nur für die verbal fähigen Frauen, auch die, die sich sprachlich weniger oder auch überhaupt nicht äußern können, erfahren durch diese »Kontaktrunde«, durch das »Dabeisein«, persönliches Angenommenwerden bzw. Bestätigung.

Beziehungen zwischen den geistig behinderten Frauen

Wenn bei einer Mahlzeit etwas Besonderes ausgeteilt wird, ein leckerer Nachtisch, ein Stück Kuchen, und einige der geistig behinderten Frauen sind nicht da, achten andere von ihnen darauf, daß die diese ihre Sachen für abends aufbewahrt bekommen. Sie akzeptieren dann auch, wenn diejenigen abends das Stück Kuchen erhalten und sie selbst nichts mehr haben. Wenn Petra Jung in ihrem Einzelzimmer ist, so bemerkt dies Frau Aurach, die dann nach Petra fragt, ob diese denn nicht lieb gewesen sei. Liese Harbach bringt manchmal Christa Dörr Spielsachen.

Zwischen Frau Beckstein und Frau Lein besteht seit langem eine Liebesbeziehung, nah, liebevoll, aber eng, umklammernd, eifersüchtig sich bewachend.[5] Besonders Frau Lein ließ Frau Beckstein wenig eigenen Raum. Sie haben sich »erdrückt«, sich wenig Spielraum gelassen. Sie sahen nur sich gegenseitig, danach kam eine Weile nichts, dann noch mal

---

[5] Der Bereich konkret ausgelebter Sexualität ist in unserer Erzählung kein konstitutives Merkmal für eine Liebesbeziehung zwischen den Frauen. Wir sprechen von der Intensität des Gefühlslebens, von der Gestaltung der Beziehung, vom Umgang miteinander, vom »Blick« in den Augen, vom Gestus.

nichts und dann vielleicht ein bißchen was anderes. Dabei schien sich aber Frau Beckstein, die »von Haus aus« aufgeweckt, neugierig, interessiert ist, auch eingeklemmt zu fühlen. Sie hatte unserem Eindruck nach immer Angst, durch »private«, eigene Tätigkeiten die Freundin, die stets mit Argusaugen ihr Tun bewachte, zu verletzen und vielleicht zu verlieren.

Inzwischen hat sich der Kontakt der beiden untereinander etwas aufgelockert. Daran wurde so gearbeitet: Wenn sich Frau Beckstein wieder ewig neben Frau Lein setzte, wurde sie darauf aufmerksam gemacht, daß sie auch etwas alleine machen kann. Das erfolgte nicht über Verbote, sondern über Angebote von Beschäftigungen, die sie dann liebgewonnen hat. Morgens beim Bettenmachen steht sie vor Frau Lein auf, bringt die Bettsachen weg zum Sack. Sie trocknet jeden Morgen alleine ab. Die letzte Tasse ist immer für sie, sie freut sich auf den Kaffee. Sie macht Handreichungen im Bad, sie kennt den Ablauf ganz genau. Über diese Beschäftigungen hat sich der Kontakt mit Frau Lein gelockert, ohne daß er weniger herzlich, weniger innig geworden wäre, aber sie kleben nicht mehr so automatenhaft starr aneinander. Gerda Lein kann hier inzwischen schon mehr zulassen. Sie fühlt sich entspannter, offener. Inzwischen kann sie jetzt gut »zurückstecken«, sie ist sich ihrer Beziehung mit Marion Beckstein sicherer geworden, sie hat mehr Vertrauen in die Beziehung, muß nicht ständig verteidigen, überwachen. Im Bereich der Sexualität werden für uns Fragen aufgeworfen: Wie können wir unter unserer Aufsicht und Verantwortung stehenden Personen – Personen, die nur begrenzt dazu in der Lage sind, die volle Verantwortung für ihr Handeln zu übernehmen – einen Lebensraum anbieten, in dem Liebesleben und Sexualität, die im Wesen des Menschen liegen, nicht verwehrt sind? Oder unterstützt werden?

Das aufgeworfene Thema kann hier nur zu Diskussionen und zum Entdecken von Fragen anregen (zur weiteren Darstellung und Diskussion s. Reuther-Dommer, 1999). Hier ist anzumerken, daß die meisten der hier beschriebenen geistig behinderten Frauen fast nur mit Frauen Kontakt haben, außer mit dem Sozialarbeiter und gelegentlich einem Arzt kommen sie wenig mit Männern in Kontakt. Wir zitieren an dieser Stelle wörtlich eine Begebenheit aus dem Protokoll: »Heute war eine männliche Aushilfe aus dem Nachbarhaus da. Alle sind sie wie verrückt herumgesprungen. Heike hat sich nicht angezogen, hat ihre Klamotten auf den Fußboden geschmissen, wollte von dem Mann angezogen werden. Marion ist völlig durchgedreht, hat sich nackt die Zähne geputzt, sprang eine Viertelstunde unbekleidet herum. Helga Konik war völlig aufgedreht, drängte sich ständig in die Nähe der Aushilfe, wollte vor lauter Aufregung nicht auf's Klo, sie mußte mit zwei Leuten hingetragen werden. Frau Reske sprang um den Mann herum, schüttelte ihm die Hände und sagte dauernd: »Ich kenn Dich doch, ich kenn Dich doch«. Es war ein Riesenchaos.

Frau Beckstein hat Interesse an Männern, so »flirtet« sie gern mit dem Ehemann einer Betreuerin oder setzt sich in der Cafeteria an einen Tisch, an dem geistig behinderte Männer des Nachbarhauses sitzen (siehe Kap. Individualität / Sprache).

Frau Berg legt immer ihre Kleider auf das Bett von Frau Mehlhorn, das macht sie einfach gerne, aus Spiel, sie weiß, daß sie es nicht soll, sie kriegt immer »ein bißchen geschimpft«, daß sie das nicht tun soll. Darüber freut sich Frau Konik sehr und lacht immer. Wenn hingegen die Betreuerin »ein bißchen« mit Frau Konik »schimpft«, dann grinst Frau Berg und reibt sich die Hände. Nach dem eben Erzählten denkt man es vielleicht nicht, aber zwischen Daniela Berg und Helga Konik besteht eine zärtliche Beziehung. Sie schauen sich oft an, betrachten einander, schauen sich hinterher. Wenn z. B. Frau Konik zum Tisch kommt, strahlt Frau Berg, zieht den Stuhl vom Tisch weg, damit Frau Konik sich hinsetzen kann. Sie stellen sich manchmal voreinander hin, fassen sich zart an den Händen, schauen sich in die Augen, genießen den Kontakt miteinander. Hat hier Amor einen Pfeil geschossen? Früher hat Frau Berg da abgewunken, sie hat Kontakt abgelehnt. Heute lacht sie morgens und reibt sich die Haare, hat letztens einer Betreuerin liebevoll auf den »Podex« geklopft.

Ute Steen und Susanne Reinhold haben eine freundschaftliche Beziehung. Sie setzen sich oft zusammen, machen »Händeklatschen« miteinander, ihr Wunsch nach Kontakt, vielleicht auch Körperkontakt drückt sich in kindlichen Mustern aus. Frau Reinhold sagt oft in liebevollem Ton: »Ute Steen.« Wenn Frau Steen jetzt gefragt wird: »Wer ist das?«, antwortet sie: »Susanne Reinhold.« Frau Steen hat jetzt oft einen verschmitzten Gesichtsausdruck. Frau Mehlhorn paßt – schon immer – auf, daß Frau Berlau genügend Aufmerksamkeit bekommt. Sie kümmert sich um Frau Berlau, die vom Alter her ihre Tochter sein könnte, diese kann ihrerseits deren Zärtlichkeiten gut annehmen, sie hat es offensichtlich gerne (dabei ist sie autistisch!). Frau Berlau hatte sich kürzlich den Kopf angeschlagen und Frau Mehlhorn war ganz aufgeregt, kam angerannt und hat dies sofort einer Betreuerin erzählt, die sich dann um die Kopfwunde kümmern konnte, die ja sonst möglicherweise nicht sofort bemerkt worden wäre. Frau Mehlhorn mag Frau Berlau gern, kümmert sich um sie, geht z. B. auch nachts gelegentlich nach ihr schauen, ob es ihr auch gut geht.

Zusammenfassend fällt auf, daß mit der Ausgestaltung von mehr Beziehungsmöglichkeiten, sowohl bezogen auf die äußeren Angebote als auch auf die inneren Bereitschaften der Bewohnerinnen, zärtliche Strebungen, libidinöse Wünsche bzw. Fähigkeiten weiter wachsen können.

Beziehungen zu den Betreuerinnen

Vor der Umwandlung tauchten ständig die Fragen auf: »Wer kommt morgen?«, »wer hat heute Nachtwache?«, »wer ist nächste Woche da?« Das zeigt die sehr starke Abhängigkeit der behinderten Frauen. Diese Fragen tauchen jetzt überhaupt nicht mehr auf. Die personelle Besetzung und die Zugehörigkeit sind klar. Der wichtige Personenkreis ist viel kleiner, die Beziehungen sind intensiver, geben mehr Halt und mehr Vertrauen. Als z. B. in der »Gruppe unten« thematisiert wird, daß die Praktikantin nur begrenzt für ein Jahr bleibt, löst dies heillose Aufregung aus, sofort fragen sie: »Ja, wer kommt denn dann, wer kommt denn überhaupt, wenn jemand von Euch in Urlaub ist?« Abends sind die Frauen derjenigen Gruppe länger wach, deren Betreuerin Nachtwache hat (eine Nachtwache versorgt alle drei Gruppen), dort besteht manchmal eine angeregte Atmosphäre, sie wollen später ins Bett. Wenn sie abends »alleine«, ohne eine »eigene« Betreuerin sind, gehen sie früh ins Bett. Sie können »alleine«, ohne Beisein einer vertrauten Betreuerin, nichts mit sich bzw. mit ihrem Leben in der Gruppe anfangen. In der Vorweihnachtszeit ist die Stimmung »unten« gedrückt, das hängt mit der Frage zusammen, wer macht Weihnachten Nachtwache? Die Frauen wollen wissen, ob es eine Betreuerin aus ihrer Gruppe oder eine »von oben« ist. Dabei ist auch interessant, daß eine solche zeitliche Orientierung besteht.

Betreuerinnen der »Gruppen oben« haben in der Vertretung Schwierigkeiten im Umgang mit der »Gruppe unten«, weil die Frauen auf ihre »Stammbetreuerinnen so fixiert sind.« Dies ist in der Vertretungsarbeit sicherlich sehr schwierig, verweist aber deutlich auf die Bedeutung der Beziehungen. Die Präsenz der Betreuerinnen ist wichtig, sie haben Teil am Leben der Bewohnerinnen (dies eben nicht nur in funktionaler, versorgender Hinsicht, sondern auch als emotional im Alltag zu Verfügung stehende Bezugspersonen). Susanne Reinhold läuft immer einer Betreuerin hinterher, das tut sie so gerne und hier kann sie es jetzt auch. Sie weiß, hier ist die Küche, sie läuft auch nicht weg. Frau Reinhold's Befinden und Verhalten ist auf die körperliche Anwesenheit, auf die unmittelbare Nähe einer ihr vertrauten Bezugsperson angewiesen. Dann ist sie ständig irgendwo dabei, kann bei den Haushaltsverrichtungen dabei sein, beim Wäsche Sortieren, wenn Kleider genäht und vorbereitet werden. Sie weicht einem dann nicht von der Seite, sie trägt die Wäsche mit, sortiert Strümpfe, holt auch auf Anforderungen verschiedene Kleider. Sie erwirbt sich dadurch mehr Handlungsspielraum, wird wacher, kann mehr in Kontakt treten. Ihre Essensgier läßt nach. Manchmal kann man sie beauftragen, ein Tablett hoch zu tragen, auf dem noch Essbares liegt, ohne befürchten zu müssen, daß sie im dranghaften »Tablett-leer-essen« ersticken könnte. Eines Abends äußert sie den Wusch, noch etwas aufbleiben und fernseh'n zu wollen.

Es passiert mehr im Kontakt, die Beziehungen werden deutlicher und vielfältiger. Es verändert sich der Umgangston zwischen den Betreuerinnen und den geistig behinderten Frauen. Manchmal fragen die Bewohnerinnen auch nach Angehörigen, nach Ehemännern, Geschwistern oder Kindern von uns. Neulich ging es einer Betreuerin nicht so gut, sie war erkältet, die Bewohnerinnen merkten es, sie kamen, streichelten sie, fragten, was denn los sei. Eine Betreuerin legte im Bad ihren Schlüssel hin, wußte dann nicht mehr, wo er lag, fragte: »Wo ist denn der Schlüssel?«, alle suchten sie dann den Schlüssel und eine hat ihn dann gebracht. Oder wenn man etwas vergessen hat, erinnern sie einen auch daran. Als Christine, die Tochter einer Betreuerin, abends anruft und sagt, sie habe Ohrenschmerzen, meint sie: »Wenn sie wirklich Ohrweh hat, dann kann ich morgen nicht kommen.« Frau Godat antwortet ihr: »Ja, da mußt Du wegbleiben, ich mach' dann alles.« Frau Godat fragt auch am nächsten Morgen nach, wie es der kleinen Tochter ergangen ist. Inzwischen sind die Betreuerinnen viel im Wohnzimmer mit den geistig behinderten Frauen zusammen, sie erledigen viel der anfallenden Haushaltsarbeiten dort. Nachmittags wird immer gemeinsam dort Kaffee getrunken. Sie sehen auch die Belastung, die manchmal für die Betreuerinnen anfällt und erkennen diese an. Frau Kalhor: »Schwester, das würde ich nie werden, das ist zu doll,« sie drückt eine Betreuerin: »Ach, ich muß Dich mal drücken, was Du heute wieder geleistet hast, Du bist eine tolle Frau.« Sie teilen uns auch gelegentlich etwas von sich selbst mit, erzählen manchmal etwas von zu Hause. »Früher, was waren wir für eine tolle Familie, was war es schön, wir hatten eine schöne Wohnung, Musikschrank, Likörschrank, jetzt ist alles kaputt.« So hatte Frau Kalhor zuvor noch nie gesprochen. Ein schalkhaftes Spiel: Marion Beckstein schlägt nachts mit den Klodeckeln, die Nachtwache kommt runter, die Quelle des Geräusches ist unauffindbar. Frau Beckstein hatte wieder aufgehört. Nachdem die Nachtwache wieder hochgegangen ist, fängt sie sofort wieder mit dem Klappern der Klodeckeln an.

Zusammenfassend kann man sagen, daß die Frauen die aufgestellten Regeln als ein Muster des Zusammenlebens erkennen können. Alle Gruppen reagieren mehr oder weniger mit Chaos, wenn durch Ausfälle und anderweitig geleistete Vertretungsdienste die gewohnten Regeln, sogar in kleinen sensiblen Ausmaßen, verletzt werden. Sie reagieren konfus und teils panisch darauf, wenn die Betreuerkonstanz geschwächt ist. Besonders die Frauen mit zwanghaften und autistischen Zügen, die irritierbaren Frauen, reagieren sehr empfindlich.

Von der Nahrungsaufnahme zur Eßkultur

Bei den Mahlzeiten soll jetzt, über die Notwendigkeit der reinen Nahrungsaufnahme hinaus, ein sozialer Rahmen, eine »Eßkultur«, ein individueller Bezug verwirklicht werden.[6]

Die Betreuerinnen wollen jeweils in den Eßzimmern einen großen Tisch, an dem sie gemeinsam mit der Gruppe der Frauen sitzen können. Zuvor gab es kleine Tische für zwei bis vier Personen, das kann zwar auch freundlich aussehen, aber die Betreuerinnen müssen sich dann, zur Gewährung der Aufsicht, beobachtend und überwachend hinstellen bzw. zwischen den Tischen zur Hilfestellung beim Essen hin und her laufen; eine ungemütliche und unruhige Atmosphäre. Am gemeinsamen Tisch können sie dabei sitzen, das strahlt mehr Ruhe aus, es ist gemütlicher,

---

[6] Diese »Eßkultur« lag nicht am Anfang als fertiges Konzept vor, sie entwickelte sich eher Stück für Stück über einen etwa einundeinhalbjährigen Verlauf; ein sozialer, kultureller Rahmen wurde bei den Mahlzeiten angeboten und individuelle Eigenständigkeit beim Essen gefördert.

familiärer. Und die geistig behinderten Frauen erleben es offensichtlich als Wertschätzung, wenn sich die Betreuerin zu ihnen setzt, es entsteht mehr Nähe. Die große Tafel, zusammengestellt aus den vielen kleinen Tischen, wirkt räumlich kompakt, »rund«, gemütlich. Kleine, angeklebte Namensschildchen unterstützen die Tischordnung, die eine Gewohnheit werden und Sicherheit anbieten soll.

Zu dem sozialen Rahmen gehört eine vorausgehende kleine Toilette, Hände waschen und Haare kämmen werden eingeführt. Mit diesem Ritual ist weniger eine herkömmliche Anpassung gemeint, sondern die Schaffung einer kleinen zwischenmenschlichen Kultur. Aber auch der Anpassungsgesichtspunkt spielt eine große Rolle. Die Betreuerinnen: »Wir wissen, daß wir viel zur Integration der Frauen beitragen, wenn wir ihnen dazu verhelfen, daß sie sich im öffentlichen Raum bewegen können. Wenn wir mit ihnen, ohne besonderes Aufsehen zu erregen, auf die Straße, in Lokale gehen können, wir uns mit ihnen in der Öffentlichkeit bewegen können. Es ist eine große Erweiterung des Lebensraumes, nicht auf negative Reaktionen zu stoßen. Und sie genießen es und können es dann auch.«

Die Mahlzeiten werden bald nicht mehr auf dem Teller portioniert, sondern in Schüsseln und Platten auf den Tisch gestellt. Nach Möglichkeit wird auch der Brotbelag beim Frühstück und beim Abendessen auf Platten angerichtet, dann können sie sich aussuchen, was sie haben möchten, bzw. dies lernen. Man kann sich nachnehmen. Es dürfen Reste bleiben. Dies bedeutet für die Frauen eine große Umstellung, da sie es gewohnt sind, grundsätzlich jeden vorgegebenen Teller wahllos bis zum Ende »leer zu schaufeln«. Jetzt können, müssen sie mehr entscheiden beim Essen, welche Speisen besser, welche schlechter schmecken, wann man satt ist bzw. nicht mehr weiter essen will. Die Vorlieben der einzelnen geistig behinderten Frauen können so mehr berücksichtigt werden. Hähnchenschlegel möchte Petra Jung nicht kleingemacht haben, sie findet, diese sind zum »so essen«. Ute Steen, mit schweren autistischen Zügen, lernt es recht gut, sich etwas auszuwählen. Am liebsten ißt sie Schmelzkäseecken, Wurst nur noch dann, wenn sonst nichts da ist. Frau Rüb ißt gern und viel Salat, kein Fleisch, keine Sauce, keine Milch, aber liebend gerne Buttermilch. Wenn Frau Jung sauer ist, verweigert sie manchmal das Essen, sogar Nachtisch, sogar Plätzchen. Insgesamt kann respektiert werden, was sie mag und was sie nicht mag. Diese Vorlieben bzw. Abneigungen können in der kleinen Gruppe aufgegriffen, vielleicht gepflegt werden. Die Möglichkeiten einer Auswahl, des Ablehnens oder des Nachnehmens können sich als Ausdruck individueller Vorlieben oder Eigenheiten entwickeln. Auf den Wechsel vom »vorgesetzten Essen« zu eigener Auswahl in einem vertretbaren Rahmen reagieren fast alle der Frauen sehr positiv. Alle werden beim Essen »wählerisch«. Sie entwickeln bzw. sie zeigen endlich Vorlieben oder Abneigungen. Insgesamt kann man sich mehr Zeit lassen, es ist mehr Ruhe. Wenn es morgens Brötchen gibt, werden Mohrenköpfe geholt. Dann gibt es Mohrenkopfbrötchen, »da drauf fahren sie alle total ab«, das essen sie gerne, »sie sehen dann hinterher nur gut aus.« Manchmal kann man zum Kaffee Waffeln backen, das geht nicht, wenn 16 oder fast 30 Leute versorgt werden müssen. Dann ist das mehr eine Abfertigung und Abfütterung.

Die Verwendung von Besteck kann teilweise neu eingeführt werden, Löffel hatten vorher schon viele, jetzt erhalten alle einen, bei vielen kann die Gabel eingeführt werden, bei einigen wenigen auch das Messer. Frau Aurach versucht eines Morgens von sich aus, ihr Brot zu schmieren, sie war ganz ordentlich dabei. Ein Messer hat sie morgens und abends sowieso dabei liegen, nun benutzt sie es. Sie soll dabei unterstützt werden, ihr Brot in Zukunft selbst zu schmieren. Sie kann jetzt ganz geordnet mit Messer und Gabel essen bzw. sie übt dies sehr geduldig ein. Zur Belohnung bekommt sie mittags Bohnenkaffee.

In einer Gruppe wird die vorübergehende Anschaffung von Plastikgeschirr erwogen, für eine Übergangszeit, bis sich die Bewohnerinnen an den sozialen Rahmen eines gemeinsamen Essens gewöhnt haben, dann wird von dem Gedanken wieder Abstand genommen, da wir eine überraschende Erfahrung machen: je wertvoller die dingliche Umwelt, auch Geschirr, wird, um so sorgfältiger gehen sie mit den Sachen um. Plasticgeschirr verführt eher zur nachlässigen Handhabung. Aber es kommt auch gelegentlich zu Verletzungen, es geht noch lange Zeit viel kaputt, sowohl unbeabsichtigt als auch durch Aggressionen. Frau Rüb z. B. hat Frau Jung beim Essen eine Kaffeekanne aus der Hand genommen und ihr blitzschnell auf den Kopf gehauen.

Im kleinen Kreis können erstickungsgefährdete Bewohnerinnen jetzt doch auch kleine Portionen feste Kost erhalten. Z. B. hat Liese Harbach früher immer nur Brei bekommen, den sie verabscheut, sich sogar vor ihm ekelt, aber an Brot und fester Kost verschluckt sie sich wegen ihrer Spastic leicht. Nach 19 Monaten bekommt sie aber abends und morgens zu den Mahlzeiten wieder Brot, in ganz klein geschnittenen Streifen, die sie gut abbeißen kann. Das mag sie gern, seitdem übergibt sie sich nicht mehr, was sie zuvor aus Ekel und Protest regelmäßig tat. Früher stand sie abrupt nach den Mahlzeiten auf, jetzt kann sie sitzen bleiben, auch deswegen, da sie gut begriffen hat, daß diejenigen, die nicht sofort aufstehen und losrennen, sondern noch ein wenig sitzen bleiben, Süssigkeiten als Nachtisch am Ende der Mahlzeit erhalten.

Aufgrund der größeren Dichte und Überschaubarkeit bei Tisch können auch Frau Galbas und Frau Lorenz feste Kost erhalten. Frau Galbas steckt sich allein, ohne Hilfestellung, zu große Brocken in den Mund. Heike Lorenz ißt schwierig, sie wälzt das Essen im Mund herum, stopft manchmal viel zu viel in sich hinein. Sie war schon oft in Erstickungsgefahr, so daß berechtigte Ängste dazu geführt haben, ihr das Fleisch nur gemahlen zu geben, über die Kartoffeln. Dies hat sie immer sehr angeekelt, sie konnte wenig essen, hat die Nahrung verweigert und nur Brot gegessen, keine warme Mahlzeiten. Jetzt hat sie mehr Appetit entwickelt, ißt gerne, hat zugenommen. Frau Dörr ißt unterschiedlich, auch bei ihr muß man sehr darauf achten. In der Gruppe unten ist Susanne Reinhold durch ihre »Eßgier« ständig in Erstickungsgefahr.

Aufgrund der Erstickungsgefahr vieler der Frauen müssen alle Mahlzeiten massiv beaufsichtigt werden. Lisa Berlau ißt besser, wenn man sich neben sie setzt und ihr wiederholt geduldig sagt: »Eins nach dem anderen.« Außer Frau Galbas essen nach knapp zwei Jahren alle selbständig. Eine besondere Ausnahme ist Helga Konik, sie wird gelegentlich gefüttert, obwohl sie selbst essen kann. Warum? Sie genießt es, sie ißt dann auch in einer Verfassung, in der sie sonst Essen eher ablehnt, es macht ihr sichtlich Freude. Die regressive Situation des oralen Versorgtwerdens im Kontakt tut ihr gut, also soll sie es ein bißchen haben, aber immer wieder auch selbst essen, damit sie es nicht verlernt und für sie als normale Fähigkeit erhalten bleibt. Eine Betreuerin füttert sie jedoch grundsätzlich, da diese besondere Angst hat, daß Frau Konik erstickt, da bei ihr die Gefährdung so groß ist. Solche unterschiedlichen Handhabungen müssen und dürfen möglich sein, da die Betreuerinnen in ihrer Arbeit, um diese gut zu machen, auf ein relativ angstfreies und entspanntes Arbeiten angewiesen sind, soweit dies überhaupt möglich ist.

Frau Döhn ißt oft ganz furchtbar, sie rülpst eklig beim Essen, sie niest durch die Nase, gelegentlich würgt sie, holt etwas aus dem Mund, stopft es sich dann wieder hinein. Manchmal schmiert sie es sich auch in die

Haare. Sie kann aber auch richtig essen, z. B. beim Geburtstag oder wenn die Eltern da sind, ißt Frau Döhn ganz normal. Alle anderen essen »manierlich«. Wirklich problematisch ist Frau Rüb, da sie unberechenbar aggressiv ist, häufig völlig ohne Vorwarnung. Es ist immer ein großes Problem, Frau Rüb aus ihrem Zimmer herauszuholen. Sie sitzt am Tisch ziemlich abseits, sie kann nur herausgeholt werden, wenn die Gruppe wirklich für sich ist und die Betreuerinnen keine Nachbargruppe personell mitversorgen müssen. Sie hat aber besser immer noch Plastikgeschirr, es erscheint uns trotz allem zu gefährlich, ihr Porzellan zu geben, da sie Geschirr auch als Wurfgeschosse benutzt. Hier muß ihre weitere Entwicklung noch beobachtet werden.

Auch Frau Kretschmer bleibt problematisch, aber sie kann gelegentlich zum Essen an den Tisch geholt werden. Frau Kretschmer an den Tisch zu setzen ist sehr arbeitsintensiv, sie schmeißt oft mit Tellern und dem Essen. Es ist eine innerlich zu leistende Arbeit, ruhig, konzentriert darauf zu achten, daß sie nichts anstellen kann, das bedeutet, zum einen ruhig, zum anderen auf »Hab-Acht-Stellung« zu sein.

Insgesamt ist durch den kleineren Teilnehmerkreis viel mehr Ruhe und Entspanntheit beim Essen, was auch bei den schwerer geistig behinderten Frauen zu einer Normalisierung des Essverhaltens, der Kultur bei Tisch und sich selber gegenüber beiträgt. Manchmal jedoch ist eine ziemliche Unruhe in den Gruppen beim Essen, dazu eine Eintragung aus dem Protokoll: »Andrea Kretschmer und Petra Jung haben eine ziemliche Sudelei beim Essen gemacht. Frau Kretschmer hat auch Petra Jung gebissen. Dann ist die Erbsensuppe durch die Gegend geflogen, alles war voller Erbsensuppe.« An solchen Tagen wird sie von den meisten von uns lieber gefüttert.

Aber insgesamt werden die Bewohnerinnen während der Mahlzeiten viel entspannter. Der sonst übliche Tumult hat nachgelassen. Das Essen wird ruhiger, dauert auch länger, nimmt mehr Zeit in Anspruch, das Essen dauert jetzt ca. eine 3/4 Stunde. Wenn man nach traditioneller Methode alle »füttern« würde, könnte man, wie früher, in ca. 15 Minuten fertig sein. Jetzt kann mehreres geübt werden, das Aussuchen, das Sich-Äußern, das Sich-Nehmen. Der Genuß des Essens rückt in den Vordergrund.

Fast alle räumen nach dem Essen ihren Teller vom Tisch weg und bringen ihn zum Wagen, sogar Frau Galbas, wenn auch mit Protest und Gestampfe. Sie kleckert natürlich, wenn sie ihre Sachen zurückbringt. Sie holen selbständig ihren Nachtisch. Die Frauen kennen ihren Platz am Tisch, den jede ohne besondere Aufforderung einnimmt. Viele verrichten auch Tischdienst, einige nach entsprechender Aufforderung.

Annähernd alle nehmen die Medizin jetzt selbstständig. Sie wird zum Essen hingestellt. Nur Helga Konik braucht hier Hilfestellung. Astrid Galbas kann es überhaupt nicht. In der relativ überschaubaren Gruppe ist es möglich, die Medikamenteneinnahme auszuprobieren, zu lernen, zu überwachen. Frau Döhn ist ja scharf auf jegliche braune Flüssigkeit, wir haben den Verdacht, daß sie früher immer viel Cognac trank, deswegen versucht sie oft, Frau Berlau das Atosil wegzunehmen. Bei einer großen Gruppe ist es schwieriger, hier entsprechend aufzupassen.

5 Verschiedene Facetten

5.1 Rückblick der Betreuerinnen

Beim Lesen des Berichts – inzwischen liegt alles längere Zeit zurück – sind wir eigentlich erstaunt, was wirklich passiert ist. Die Erzählung ist zutreffend, sie stimmt, aber es gab auch so viele Schwierigkeiten, daß wir manchmal Erfolge gar nicht richtig realisiert haben.

Die Geschichte war für uns alles andere als ein Höhenflug. Es geht schon los bei unserer anstrengenden Diskussion, geführt über ein Jahr, betreffend unseres neuen Konzeptes, das uns aus einer in Routine eingewöhnten Versorgungsarbeit zu einer befriedigenden pflegerischen Tätigkeit mit dem Ziel: »Hilfe zur Selbsthilfe« herausführen sollte. Ein gemeinsamer Wunsch, aber: danach hörte die Gemeinsamkeit auch schon auf. Wir waren sehr unterschiedlich im Hinblick auf unsere Zweifel, Vorstellungen, bisherigen Erfahrungen, Risikobereitschaft und auch, natürlich, im Hinblick auf die Dringlichkeit des Wunsches nach Veränderung und der persönlichen Kräftepotentiale. Aber die Wurzel der Veränderungen ist unsere gemeinsame Initiative. Das oben Geschilderte fand in einem Zeitraum von fast zwei Jahren statt, und wir sind stolz auf die Ergebnisse, aber es war oft auch zäh, meistens lief es so: drei Schritte vor und zwei zurück oder blieb auch ganz stehen, es gab immer wieder Situationen der Enttäuschung, des Ärgers. Im »neuen Konzept« wurde die »totale Institution«, der übergeordnete rationale Plan der Gesamteinrichtung Krankenhaus aufgegeben, bzw. es wurde der Versuch unternommen, die Gleichschaltung der Versorgung, orientiert an den Massen der zu Versorgenden in einer großen Landesnervenklinik, zugunsten einer individuum-zentrierten Versorgung im kleinen Rahmen aufzulockern. Wir entwickelten im Betreuerkreis einer Gruppe die Regeln relativ unabhängig von denen der anderen. Denn es können und sollen unterschiedliche Gruppenmilieus wachsen dürfen, orientiert an den persönlichen Voraussetzungen der geistig behinderten Frauen und unter Berücksichtigung der jeweiligen persönlichen professionellen Stile bzw. persönlichen Kompetenzen von uns Betreuerinnen.

Eine gemeinsame Basis der Arbeit läßt sich durch die ständig im Raum stehende Frage ausdrücken: Wie kann ich die Rechte des geistig behinderten Gegenübers wahren, mit seinen Eigenheiten, mögen sie auch »schrullig« sein, bei gleichzeitiger Notwendigkeit steuernden und regulierenden Eingreifens? »Störe meine Kreise nicht«, diese Botschaft der geistig behinderten Frau soll bei unserem auf Entwicklung drängenden Anteil immer Gehör haben. Die Aufteilung bedeutet eine besondere Anforderung für vertretungsweise arbeitende Kolleginnen, insbesondere dann, wenn gewisse Regeln und Orientierungsgesichtspunkte im Widerspruch mit der eigenen Gruppenarbeit stehen. Insofern kann dies auch nicht eine starre Anpassung sein, es finden immer auch Einschränkungen statt, wenn besondere Ängste und Befürchtungen (z. B. im Umgang bei den Mahlzeiten mit einer erstickungsgefährdeten geistig behinderten Frau) bestehen.

Dürfen auf besonderen oder allgemeinen Wunsch hin an einem völlig normalen Werktag Erdbeeren zum Nachtisch gekauft werden, ohne dies mit der Gruppenleitung abzustimmen? Oder nicht? Das scheint für den Außenstehenden eher harmlos und belustigend. Deutlicher wird das Problem schon bei folgender Frage: Darf Frau Reske, die ruhiger und verläßlicher geworden ist, ein Feuerzeug erhalten? Oder: Kann Frau Rüb, wenn sie sich entspannt und konzentriert mit einer Malerei beschäftigt, kurzfristig unbeaufsichtigt gelassen werden? Zur Handhabung solcher Fragen sollte der Gesichtspunkt herangezogen werden, ob ein unmittelbarer Handlungsdruck besteht oder ob die Klärung einer Frage bis zur Teambesprechung aufschiebbar ist. Etwa nach der anleitenden Unterscheidung: »Bin ich mit unserer getroffenen Vereinbarung zum Umgang mit dieser Frau inzwischen nicht mehr einverstanden bzw. finde ich das prinzipiell nicht gut« oder »Fühle ich mich so in Not, daß ich jetzt anders handeln muß?«

Denn es läuft das Ruder auseinander, wenn jeder spontan seine Gedanken verwirklicht, mögen sie noch so richtig sein. Wir gehen davon aus, daß eine tragfähige Basis nur mit gemeinsamen Absprachen möglich ist.

Es soll nicht verschwiegen werden, daß sich im Laufe der Zeit Konflikte zwischen unseren Teamgruppen ergaben, die weitgehend dann auftraten, wenn z. B. eine Betreuerin in einer anderen Gruppe vertretungsweise Dienst übernahm, sie im Umgang mit einer Frau auf eigene langjährige Erfahrungen mit ihr zurückgreifen wollte und feststellen mußte, daß ein anderer Umgang erarbeitet wurde, der vielleicht so plötzlich nicht ganz einleuchtend erscheint. Die Arbeitsbasis und die Ziele werden ja in den Gruppen selbst erarbeitet, so daß die Außenstehenden, die ja auch alte Beziehungen mit den Bewohnerinnen haben, hier nicht einbezogen sind und sich erst einmal fremd fühlen.

Es kann schädliche Folgen für die Arbeitsbeziehungen haben, wenn sich ein »eingefleischtes« großes Betreuerinnenteam in einzelne Gruppen aufteilt, die dann relativ unabhängig voneinander arbeiten, neue Konzepte entwickeln, sich verändern, neue Orientierungen und Ziele entdecken Mit daraus sich ergebenden Konflikten muß man einfach rechnen, man kann sie allenfalls mildern. Dies gehört leider auf die Negativseite von innovativen Veränderungen dieser Art. Hier würden wir heute versuchen, eine zusätzliche Koordination zwischen den in den verschiedenen Gruppen arbeitenden Kolleginnen einzurichten.

Dennoch, das ist an dieser Stelle wichtig zu erzählen, wollte keine von uns im Verlauf zurück in das alte Muster. Die Arbeitszufriedenheit, Motivation, Befriedigung an Verantwortung sind für uns in den kleineren Gruppe immens gestiegen. Nach vielen und erheblichen Ängsten stellt sich bei Realisierung unserer Vorstellungen eigentlich Erleichterung ein: Die Arbeit macht mehr Spaß, die Eigenverantwortlichkeit nimmt zu. Man fühlt sich in der Arbeit stärker gefordert und in befriedigender Weise bestätigt. Es entsteht eine offenere Atmosphäre. Die Arbeit ist so befriedigend geworden, man hat eine persönliche Zugehörigkeit, Verantwortung, professionelle Neugier entwickelt. Es entsteht mehr Bereitschaft, die geistig behinderten Frauen in anderen Facetten wahrzunehmen. So erleben wir es alle, auch diejenigen, die anfangs eigentlich eher skeptisch oder ängstlich waren.

Ein vielleicht spezifisches Veränderungsproblem ergab sich für die Stationsschwester, die ja formal für alle geistig behinderten Frauen, unabhängig von der Gruppenzugehörigkeit, die Verantwortung im Hinblick auf die pflegerische Leitung hat. Es ist zwar in vielen Leitungspositionen üblich, Verantwortung zu delegieren, aber in Stationsleitungen, das gilt für alle Abteilungen im Hause, bestanden keine Delegationen, die Verantwortung zentrierte sich allein auf die Stationsleitung. Die hierarchische Struktur und Aufgabenstruktur waren relativ starr, rigide und damit einfach überblickbar. Bei der neuen Verteilung könnte es auf den ersten Blick so aussehen, als werden der Stationsleitung Kompetenzen abgesprochen, dabei sind aber die Anforderungen an ihre Kompetenz erhöht worden, da sie die Verantwortung für viele subtilere und eigenwillige Prozesse mit den dazugehörigen Risiken hat.

5.2 Mehr Ungezwungenheit zwischen »uns« und den Angehörigen

Zuvor fand der Besuch von Angehörigen im »Besucherzimmer« statt, entfernt von den Aufenthaltsräumen, jeder der geistig behinderten Frauen war dieses »Besucherzimmer« unvertraut. Ursprünglich war die Idee des Besucherzimmers, daß eine von der Station losgelöste, private Atmosphäre möglich sein solle, eine familiäre Begegnung, ungestört durch die Anwesenheit anderer, was in dem gemeinsamen Aufenthaltsraum nicht möglich war; darüber hinaus hätten auch die anderen geistig behinderten Frauen keinen Schutz ihrer Privatsphäre vor fremden Besuchern in »ihrem« Aufenthaltsraum gehabt, der ja tagsüber ihr Lebensraum gewesen ist. Beide Gründe haben bedeutendes Gewicht, aber das Besucherzimmer, allerdings auch ungemütlich eingerichtet, hatte nichts gebessert, der Besuchskontakt wurde eher noch mehr dem Privaten enthoben, förmlicher, isolierter. Inzwischen finden die Besuche wieder in den Gruppen selbst statt, d. h. im allgemeinen Wohn- und Empfangsbereich. Hier ist es persönlich, gemütlich. Angehörige, die zu Besuch kommen, sitzen im Esszimmer am großen Tisch. Sie können sich auch das »Schlaf«-Zimmer angucken, unter der Wahrung der Privatsphäre der anderen Zimmerbewohnerinnen, können kurz hineingehen, in die Schränke der besuchten Frau hineinschauen, ob sie genügend Kleidung hat, ob noch etwas fehlt und dergleichen. Die Atmosphäre ist persönlicher, privater und normaler geworden.

Es entfalten sich auch mehr Möglichkeiten, Sympathien bzw. Antipathien in den Beziehungen Rechnung zu tragen. Z. B. haben es die Eltern von Ute Steen am liebsten mit einer bestimmten Betreuerin zu tun, kommen spontan auf sie zu, während z. B. das Ehepaar Lorenz genau der lieber aus dem Weg geht, dafür zu einer anderen Betreuerin volles Vertrauen hat. Die Chancen von Sympathie und Vertrauen zwischen Angehörigen und Betreuerinnen können so genutzt werden.

Der Kontakt zwischen den Angehörigen und den Betreuerinnen verdichtet sich. Durch den kleineren Personenkreis entstehen wiederholte Begegnungen, die allmählich eine vertrautere Atmosphäre schaffen, in denen Wünsche, Vorstellungen, Ängste, Konflikte eher angesprochen werden können, und zwar von beiden Seiten. Zuvor war der Kontakt zu den Angehörigen wesentlich auf die Stationsleitung beschränkt, was dadurch auch einen formalisierten, offiziellen Charakter hatte. Jetzt können auch die »informellen« Eindrücke miteinander schon eher besprochen werden. Darüber entsteht Vertrauen und die Chance, die Beziehungen zu intensivieren und damit die Situation zu entschärfen, daß die Bewohnerinnen zwischen »zwei Stühlen hängen«: zwischen ihrer Heimat und ihren Angehörigen auf der einen und ihrer heutigen Lebenswelt auf der anderen Seite. Der zuvor teilweise etwas mißtrauische, ängstliche, zurückhaltende Kontakt zwischen den Angehörigen und den Betreuerinnen »taut auf«. Einige Angehörige haben besondere Scheu und Hemmungen, gerade bei solchen Ängsten, Vorbehalten, ist es wichtig, einen informellen Rahmen anzubieten.

Wo Menschen sich begegnen, gibt es Konflikte, so auch natürlich immer wieder zwischen Angehörigen und Betreuerinnen. Dabei wissen wir, daß es zum Schaden der geistig behinderten Frau gerät, wenn Angehörigen- und Betreuerseite in Fehde liegen: Unserer Erfahrung nach bleibt die Beziehung zur Mutter bzw. zum Vater, zur Herkunftsfamilie, wenn eine solche vorhanden ist, bei geistig behinderten Menschen über die Kindheit hinaus ein ganzes Leben lang von exklusiv zentraler Bedeutung. Sie bleiben von der konkreten, aktuellen Elternbeziehung innerlich so abhängig, wie das für die Kindheit typisch und normal ist, wo sich das Gefühl für das Dasein in der Welt, für das Ich, das Selbsterleben, so wie man sich spürt, innerhalb der Beziehung mit den Eltern herausbildet. Wenn ein geistig behindertes Kind später auch als Erwachsener so an die Mutter, die Eltern fixiert bleibt, was bedeutet das für die Eltern, für die Mutter? Es bedeutet, sie kann sich in der Bedeutung für »das behinderte Kind« als frühe Mutter, als Kindheitsmutter nie »normal« abnabeln (vgl. Mannoni 1972). Das heißt natürlich nicht, daß geistig behinderte

Menschen am besten ein Leben lang zu Hause leben sollten. Aber es bedeutet besondere Probleme beim Verlassen des häuslichen Lebensraumes der Eltern. Diese intensive Bindung an das frühe Kindheitsmuster »Eltern/Kind« muß bei Fragen der Autonomie geistig behinderter Menschen einbezogen sein.

Viele Angehörige haben sehr große Schuldgefühle ihrem geistig behinderten Kind, der Schwester oder dem Bruder, dem nahen Verwandten gegenüber, weil diesen eine Akzeptanz und Teilnahme in der Gesellschaft sowohl im privaten als auch im öffentlichen Leben schwer möglich ist. Woher diese Schuldgefühle kommen, weiß, bei nüchternem Verstand betrachtet, kein Mensch, denn sie haben keinen realen Grund. Aber es ist eine Erfahrung, daß Schuldgefühle und Verstand oft streiten. Ein eindrucksvolles Beispiel ist z. B., daß Überlebende einer Katastrophe oft Schuldgefühle gegenüber denjenigen haben, die dabei gestorben sind. Nicht so dramatisch, aber ähnlich lassen sich die Schuldgefühle der Eltern, naher Angehöriger von geistig behinderten Menschen verstehen, so, als hätten sie irgend etwas mit dessen Unglück zu tun. Solche Schuldgefühle können sich verstärken, wenn die familiären Möglichkeiten einer Betreuung nicht mehr ausreichen, die Kräfte übersteigen und das geistig behinderte Familienmitglied in eine »Einrichtung abgegeben wird«. Diese Institutionen können dann – unbeschadet ev. berechtigter Kritik – Projektionsfläche der Abwehr eigener Ängste und Schuldgefühle werden; um das eigene Gewissen zu entlasten, machen »die alles noch viel schlimmer«. Und alles wird immer wieder überlagert durch reale Erfahrungen des Besorgtseins um die Verwandten in den öffentlichen Einrichtungen, wo es ja auch Mangelzustände geben kann.

Es gibt so viele Möglichkeiten für Mißverständnisse zwischen Angehörigen und Betreuerinnen: Die Eltern von Frau Steen kommen über viele Jahren, rührend verläßlich, wöchentlich am selben Tag, pünktlich zur selben Uhrzeit. Einmal passiert das Unvorstellbare, sie kommen an einem anderen Tag, und ihre Tochter ist fixiert im Bett! Dabei gab es bei Frau Steen fast nie eine Notwendigkeit zur Fixierung, es war eine seltene Ausnahme. Die Eltern dachten natürlich, daß wir ihre Tochter außerhalb ihrer fest etablierten Besuchszeiten in der Regel fixieren. Es war eine schwere Vertrauenskrise, die Eltern kamen dann über viele Monate unerwartet zu den verschiedensten Zeiten, um zu kontrollieren, aus Angst und Sorge, bis das Vertrauen wieder hergestellt war.

Dabei sind wir auch teilweise berechtigten Angriffen gegen die Bedingungen der großen Institution »Anstalt« ausgesetzt, als deren Vertreter wir ja fungieren und angesehen werden. Natürlich gibt es immer noch viel zu kritisieren, und »last but not least«, sind wir sicher auch nicht perfekt, können Fehler machen, etwas übersehen, in irgendeiner Form auch Anlaß zu berechtigtem Unmut geben.

5.3 Vergleich zweier Kompetenztests am Anfang und Ende der Evaluationsphase

Zur Absicherung der »qualitativen« Beobachtungen und Verlaufsprotokolle, die sich auf die sozialen Kontexte und die individuelle Identität beziehen, aber, da die Beobachter nicht unbeteiligt sind, die Gefahr einer Über- oder Unterschätzung der Veränderungen beinhalten, wurden jeweils zu Beginn und am Ende der Evaluationphase ein Kompetenztest (PAC) durchgeführt. Obwohl der PAC-Test einige Kriterien, die an moderne Testverfahren gestellt werden, nicht erfüllt und in den meisten Einrichtungen neuere Tests eingesetzt werden, wurde der PAC als Instrument zur Evaluation hinzugezogen. Dies geschah vor allem aus pragmatischen Gründen: der Test wurde bereits vor Beginn der Untersuchung im Feld verwendet. Der Test war den meisten Betreuerinnen vertraut. Der zeitliche Aufwand der Testerhebungen konnte neben dem »stationären« Arbeitsablauf gut bewältigt werden.

Da das Maß der Behinderung und sozialen Deprivation bei den Frauen stark variierte, wurde die Form PAC - S/P gewählt. Das Instrument besteht aus vier Kompetenzdimensionen: Selbsthilfe, Verständigungsvermögen, Sozialanpassung und Motorik. Insgesamt besteht der Test aus 180 Items (Kompetenzabfragen).

Für jedes Item gibt es drei Antwortmöglichkeiten: Kriterium wird nicht/oft/vollkommen erfüllt. Die erste Datenerhebung wurde 4/1987 durchgeführt, die zweite fand in 3/1989 statt. In der ersten Erhebung wurden 16 Frauen mit dem PAC S/P beurteilt, in der zweiten Erhebung 24. Beide Beurteilungen wurden jeweils von der gleichen Betreuerin abgegeben. Es ergeben sich 16 vergleichbare Beurteilungen zwischen der ersten und zweiten Beurteilung, die Beurteilungen stammen aus allen drei Gruppen (s. o). Wie der oben differenziert dargestellte Verlauf und die individuellen Entwicklungen nahelegen, zeigen sich auch in der quantitativen Beurteilung sehr deutliche Verbesserungen. Die T-Tests für abhängige Stichproben ergeben im einzelnen die folgenden Ergebnisse (b. zwei-seitigen Tests). Für die Dimension »Selbsthilfe« ergeben sich Unterschiede auf den 95 % Signifikanzniveau. Mit einer Wahrscheinlichkeit von 95 % unterscheiden sich die zweiten Tests positiv von der ersten Erhebung. Die Werte der ersten und zweiten Testuntersuchung für die Dimension Sozialanpassung zeigen auf dem Niveau einer 99 % Wahrscheinlichkeit eine positive Veränderung. Für die Dimension 'Motorik' zeigt sich eine Verbesserung auf dem Niveau einer 95 % Wahrscheinlichkeit.

Zusammenfassend kann man sagen, daß sich für alle vier Dimensionen des Tests signifikante bzw. sehr signifikante Verbesserungen zeigen.

5.4 Zusammenfassung

In einem gemeinsamen Diskussions- und Vorbereitungsprozeß haben die Betreuerinnen diskutiert, gestritten und Konzepte für eine Verbesserung überlegt, verworfen, wieder überarbeitet. Resultat war das oben ausführlich vorgestellte Veränderungskonzept.

»Unser« Konzept besteht aus zwei Hälften: einem theorieorientierten Teil, der sich auf zwei Fundamente bezieht: die Tradition des symbolischen Interaktionismus und neuere institutionskritische Erweiterungen (Goffman, Habermas) und sowie einer psychoanalytischen Interpretation der Biographie und Entwicklung der behinderten Frauen. Diese Schwerpunkte ergaben sich auch aus der vorgefundenen repressiven Verwahrsituation. Sehr interessante tiefenpsychologische Anschlüsse, wie sie von besonders von Mannoni (1972) und Datler (1984) vorgeschlagen werden, wurden in »unserem« theoretischen Konzept weniger stark berücksichtigt. Diese Arbeiten sind aber in ganz erheblichem Umfang in die Arbeit mit den geistig behinderten Frauen eingeflossen, sie haben uns ein biographisches Verständnis der Frauen sehr erleichtert. Nach unserer Ansicht ergänzen sich die beiden Konzepte gerade bei einer Arbeit in Institutionen.

Der zweite Teil des Veränderungskonzeptes ist auf die Praxis bezogen: Durch die Schaffung von »Wohnräumen«, die Bildung von Wohngruppen und die Bezugspflege konnten die drei Teams der Betreuerinnen für die geistig behinderten Frauen differenzierte Handlungsmöglichkeiten entwickeln und umsetzen. Das Angebot von sozialen Beziehungen und einer materiellen Umwelt, die sie verstehen können, die sie aber auch fordert, ist die Voraussetzung ihrer Entwicklung. Die betreuende Arbeit gestaltet sich als lebendiger Prozeß, oft irritierend, orientiert am ständigen Versuch, die Persönlichkeit der einzelnen geistig behinderten Frau zu verstehen. In jeder der drei neu gebildeten Wohngruppen werden diese Fragen im Rahmen einer themenzentrierten Supervision reflektiert.

Die behinderten Frauen haben die erweiterten Handlungsmöglichkeiten schnell entdeckt und wahrgenommen. Die Aneignung der Räume, das Etwas-für-mich-haben, die Einbeziehung in die gemeinsame Hausarbeit führen zu einem sorgfältigeren Umgang mit den Einrichtungsgegenständen und dem persönlichen Besitz, z. B. zerreißen zwei Frauen, die immer nur blanke Gummilaken im Bett haben konnten, ihre Bettlaken nicht mehr, können also jetzt auf Bettüchern schlafen. Blumentöpfe auf dem Fenstersims, Bilder an der Wand, Nippes auf Regalen bleiben »heil«. Was nicht heißt, daß überhaupt nichts mehr zerstört wurde, aber mit so einer Entwicklung hätten wir nicht gerechnet, zuvor ging alles sofort kaputt. Zum Schluß konnten sogar Versuche mit eigenen Schränken unternommen werden. Diese sind zunächst aber noch gescheitert. Wir werden es weiter probieren. Von sich aus haben sich drei Frauen sogar an das Telefon getraut.

Die individuellen Entwicklungen aufgrund der erweiterten Auswahl- und Handlungsmöglichkeiten sind ein eigener Prozeß. Eigenständigkeit in diesem Sinne bedeutet natürlich auch das Ausprobieren von Grenzen, das Infragestellen der bestehenden Normen und Rollen und das clevere Erlangen von Vorteilen. Wir haben aber auch die Erfahrung gemacht, daß die Frauen Zeit brauchen, daß es auch zu Krisen und Überforderungen kommen kann. Die Verbesserungen gingen oft so nach dem Motto vor sich: drei Schritte vor und zwei zurück.

Die Inbesitznahme, die Aneignung neuer Handlungsoptionen und neuer Räume, die zunächst versuchsweise Übernahme von Rollen und nachfolgend die Empfindung des Privaten war für die behinderten Frauen eng mit dem Bereich der Körperlichkeit verbunden.

Das Angebot der »Badeszene«, einer auf das Selbst bezogenen Körperpflege war ein durchschlagender Erfolg. Das sich Aalen im Wasser wirkt bei einigen schwer geistig behinderten Frauen beruhigend, mit Wasserspielen kommen sie zu einem entspannten Selbsterleben. Bei anderen hat das Baden, die Verwendung von Kosmetika und Pflegemitteln die Annahme und Entwicklung einer geschlechts -spezifischen Rolle sehr gefördert. Die Bewußtwerdung um die Körperlichkeit hat hier identitätsstützende Wirkung. Die Achtlosigkeit gegen sich selbst ist deutlich weniger geworden. Einige der Frauen (Frau Godat, Frau Reske, Frau Beckstein, Frau Rüb,) achten auf sich, wollen »auch schick« sein. Mit der zunehmenden Verstehbarkeit der sozialen Umwelt erweitern sich die Ausdrucksmöglichkeiten im außersprachlichen Bereich; Gesten, Blicke, Körperausdruck gewinnen an kommunikativem Gehalt. Ein sensible Kommunikation, die nicht auf das Medium Sprache angewiesen ist, kann sich entfalten und damit Verhaltensoptionen eröffnen.

Auf dem Hintergrund der Differenzierung der sozialen Umwelt und der nicht-sprachlichen Kommunikationsebene kommt es bei einigen der geistig behinderten Frauen zum Einsetzen von Sprache und der sprachlichen Differenzierung (bei Frau Dörr, Frau Beckstein, Frau Steen, Frau Aurach, Frau Reinhold).

Im voraus nicht gesehene Probleme entstanden bei der Zurücknahme der Fixierungen und der Erlangung von körperlicher Beweglichkeit. Die Frauen reagierten, von wenigen Ausnahmen abgesehen, hier sehr verunsichert und ängstlich oder unwillig. Sie hatten einfach Angst. Dies zeigt sich besonders an dem »Lauftraining«. Frau Kretschmer, Frau Döhn, Frau Starmann, Frau Berlau, Frau Vers, Frau Galbas, Frau Aurach, Frau Mehlhorn gingen am Anfang ganz ängstlich an der Hand, andere reagierten mit Verweigerung, warfen sich auf den Boden. An diesen Stellen war die einfühlsame Begleitung der Frauen, aber auch das Weiter-Versuchen (u. U. mit veränderten Angeboten) und Weiter-Anforderungen-Stellen notwendig, wie sich an den späteren selbständigen Spaziergängen zur Cafeteria gezeigt hat. Die Entwicklung von Eigenständigkeit, Individualität und Ich-Identität ist im Verlauf der Untersuchung in Gang gekommen, aber keineswegs abgeschlossen.

Parallel zu den individuellen Erweiterungen der Handlungsmöglichkeiten entwickelte sich auch das Gruppenleben in den drei Wohngemeinschaften. Die Voraussetzungen zu diesen Prozessen sind sinngebende Beschäftigungen, die in unserem Projekt durch die Mithilfe in der Haushaltsführung umgesetzt wurde, eine Integrationsmöglichkeit, die, da sie auch mit besonderen Anforderungen einhergeht, den Frauen auch bisweilen lästig ist, wie das eben manchmal mit der Arbeit so ist. Auch für die geistig behinderten Frauen erwies sich ihre strukturierende und stabilisierende Funktion.

Die Erweiterung der Kompetenzen wurde an vielen sich bietenden Stellen (z. B. beim Essen) angehoben. Diese »Arbeit« und »Anstrengung« führte dann auch zu Situationen der Entspannung, der Freizeit, der »kleinen Runde zum Schwätzen« und den Raucherrunden. Nach unserer Erfahrung sind solche »Freizeiten« und Freiräume sehr wichtig. Eingeschliffene, erstarrte Handlungen existieren nicht nur auf der Seite der »Insassen«, sondern auch auf der Seite der Betreuenden. Sie können durch das Nachdenken der Betreuer und Betreuerinnen aufgebrochen werden. Mit der Supervision, themen- bzw. klientinnenzentrierten Teambesprechungen haben wir sehr gute Erfahrungen gemacht, auch wenn im Nachhinein betrachtet, »eigene blinde Flecken«, die wir nicht gesehen haben, vorhanden waren.

Die professionellen Aufgaben der Betreuerinnen, die man mit »Anleitung zum Selbständigsein« bzw. »Hilfe zur Selbsthilfe« gut beschreiben kann, sind sehr komplex, zum Teil schon fast paradox. Sie müssen den täglichen Arbeitsablauf garantieren, Essen richten, Wäsche wechseln etc., aber auch die behinderten Frauen verstehen, ihre Sicht der Dinge nachvollziehen und ihnen Unterstützung geben, sie fordern. Sie sollen über ihr eigenes professionelles Handeln nachdenken, sie müssen gegenüber den behinderten Frauen Grenzen ziehen und gleichzeitig Raum für ihren Persönlichkeitsentwurf anbieten. Weiter müssen sie an die Behinderten Anforderungen stellen und dazu Anleitungen geben.

Wichtig scheint uns besonders, daß in den verschiedenen Bereichen Arbeit, Beschäftigung, Freizeit und Privatsphäre Auswahlmöglichkeiten für die Klientinnen mit Bezug auf ihre emotionale Situation und ihre Leistungsfähigkeit angeboten werden. Nur so können wirklich Wahlmöglichkeiten entstehen, nur dann können spezifische Vorlieben und Abneigungen entstehen und auch gelebt werden, die für die Entwicklung von Individualität so wichtig sind. Unsere »Angebote« wurden (sie sollten es auch) daher ganz unterschiedlich aufgenommen.

Ganz kurz und knapp zusammengefaßt, kann man sagen, daß die Erweiterung der Auswahlmöglichkeiten in verschiedenen Erfahrungsbereichen sowohl für die behinderten Frauen als auch für uns auf der Betreuerseite kennzeichnend für die Umstrukturierung war. Wie die vielen Geschichten und auch die quantitative Überprüfung mittels Testverfahren zeigen (vgl. o.), war sie sehr erfolgreich gewesen.

6 Literatur

Aichhorn, A. (19778): Verwahrloste Jugend. Bern: Huber.
Bettelheim, B. (1985): So können sie nicht leben. München: DTV/ Klett-Cotta.
Böker, W. und H.-D. Brenner (Hg.) (1990): Geistigbehinderte in psychiatrischen Kliniken. Bern (Huber).
Brede, K. (1974): Einführung in die psychosomatische Medizin. Frankfurt (Syndikat).
Caemmerer, D. (1970): Praxisberatung – ein Quellenband. Freiburg/ Bg. (Lambertus).
Datler, W. (1984): Vom Tiefenpsycholgiedefizit in der Arbeit mit geistig Behinderten. In: Datler, W. und P. Handler (Hg.): Interdisziplinäre Aspekte der Sonder- und Heilpädagogik. München (Kösel).
Eggers, C. (1983): Schwachsinn. Weinheim (Beltz).
Erdheim, M. (1982): Die Gesellschaftliche Produktion von Unbewußtheit. Frankfurt (Suhrkamp).
Frey, H.-P. und K. Hauser (Hg.)(1987): Identität – Entwicklungen psychologischer und soziologischer Forschung. Stuttgart (Enke).
Foucault, M. (1979): Strafen und Überwachen. Frankfurt (Suhrkamp).
Gaedt, Christian (1987): Normalisierung – Anmaßung – Anpassung – Verweigerung.
Sickte: Neuerkeröder Anstalten – Neuerkeröder Beiträge, Band II.
Glaser, B. und A. L. Strauss (1967): The Discovery of Grounded Theory. New York (Aldine).
Glaser, B. (1978): Theoretical Sensitivity. Mill Valley, CA (Sociology Press).
Goffman, E. (1972): Asyle. Über die soziale Situation psychiatrischer Patienten und anderer Insassen. Frankfurt (Suhrkamp).
Goffman, E. (1975): Stigma. Über Techniken der Bewältigung beschädigter Identität. Frankfurt (Suhrkamp).
Günzburg, H. C. (1977): Primäre pädagogische Analyse und Curriculum der Sozialentwicklung für geistig schwerstbehinderte Menschen (S/P-PAC). Fragebogen und Leitfaden. Stratford-upon-Avon (Sefa), 1990.
Habermas, J. (1968): Thesen zur Theorie der Sozialisation. Stichworte und Literatur zur Vorlesung im SS 1968. Frankfurt: Manuskript.
Huber, G.L. (Hrsg.) (1992): Qualitative Analyse. Computereinsatz in der Sozialforschung. München (Oldenbourg).

Kane J. F. und G. Kane (19762): Geistig Behinderte lernen lebenspraktische Fähigkeiten. Bern (Huber).
Krappmann, L. (1972): Soziologische Dimensionen der Identität. Stuttgart: Klett.
Lamnek, S. (1988): Qualitative Sozialforschung, Band 1 – Methodologie. München: Psychologie Verlags Union.
Lotz, W., Koch, U. und B. Stahl (1994): Psychotherapeutische Behandlung geistig behinderter Menschen. Bern: Huber.
Mannoni, M. (1972): Das zurückgebliebene Kind und seine Mutter. Olten: Walter.
Mead, G. H. (1973): Geist, Identität und Gesellschaft. Frankfurt: Suhrkamp.
Mühle, F. (1990): Betreuung geistig behinderter in Klinikabteilungen. In: Böker, W. und H.-D. Brenner (Hrsg.): Geistigbehinderte in psychiatrischen Kliniken, S. 47 – 51.
Peters, U. (1984): Wörterbuch der Psychiatrie und der medizinischen Psychologie. München: Urban und Schwarzenberg.
Reuther-Dommer, C. (Hrsg.) (1999): Liebe und Sexualität bei geistiger Behinderung (Sonderheft psychosozial). Gießen: Psychosozial-Verlag.
Reuther-Dommer, C. und E. Dommer (1994): Ich-Identität und subjektiver Sinn bei geistig Behinderung. In: Geistige Behinderung, 33Jg, Heft 4, S. 308 – 318.
Schütze (1987): Interaktionsanalyse in Supervisionsprozessen. In: 23. Deutscher Soziologentag: Beiträge der Sektions- und Ad-hoc-Gruppen. Opladen: Westdeutscher Verlag.
Schwarte, N., Oberste Ufer, R. (1994): Indikatoren für Lebensqualität in Wohnstätten für erwachsene Menschen mit geistiger Behinderung. In: Geistige Behinderung, Fachzeitschrift der Bundesvereinigung Lebenshilfe
Strauss, A. L. (1991): Grundlagen qualitativer Sozialforschung. München: Fink.
Teichmann, H. (1994): Zur Versorgungssituation geistig behinderter Menschen in Deutschland - die Lage in den neuen Bundesländern. In: Lotz, W., Koch, U. und B. Stahl: Psychotherapeutische Behandlung geistig behinderter Menschen, S. 87 – 98.
Theunissen, G. (1994): Zur Versorgungssituation geistig behinderter Menschen in Deutschland - die Lage in den alten Bundesländern. In: Lotz, W., Koch, U. und B. Stahl: Psychotherapeutische Behandlung geistig behinderter Menschen, S. 71 – 86.

Wiedemann, P.-M. (1991): Gegenstandsnahe Theoriebildung. In: Flick, U., von Kardorff, E. et al. (Hrsg.)(1991): Handbuch qualitative Sozialforschung. München: Psychologie Verlags Union, S. 440 – 445.

Rolf Göppel, Volker Fröhlich (Hg.)
Was macht die Schule mit den Kindern? – Was machen die Kinder mit der Schule?
Psychoanalytisch-pädagogische Blicke auf die Institution Schule

2003
189 Seiten · Broschur
EUR (D) 19,90 · SFr 33,90
ISBN 3-89806-221-X

Die Schule stellt für Kinder den wohl wichtigsten Lernort und Erfahrungsraum jenseits der Familie dar. Die aktuelle Schul- und Bildungsdiskussion dreht sich – zumal seit PISA – primär um Fragen der Aktualisierung des Bildungskanons und der Effektivierung des Unterrichts.

Dass gerade im Jugendalter das Verhältnis der Schüler zur Institution Schule oft sehr problematisch wird, ist hinlänglich bekannt. Die Autoren versuchen den Hintergründen dieses Phänomens auf die Spur zu kommen und auf der Basis einer psychoanalytischen Theorie der Adoleszenz Ideen für eine »jugendgemäße Schule« zu entwickeln. Neben grundlegenden psychoanalytischen Deutungen der Institution Schule wird auch der schulische Alltag genau analysiert. Beispielhaft werden anhand der dort aufgezeigten Konflikte kreative Lösungskonzepte angeboten, die zeigen, dass psychoanalytische Pädagogik einen wichtigen Beitrag zu dieser Problematik leisten kann.

P🔲V
Psychosozial-Verlag

Jahrbuch für
Psychoanalytische
Pädagogik 13

2002
216 Seiten · Broschur
EUR (D) 19,90 · SFr 33,90
ISBN 3-89806-190-6

Im Unterschied zur sozialwissenschaftlich/soziologisch dominierten Professionalisierungsdiskussion stellt dieser Ansatz den Dialog und die interaktive Ausgestaltung helfender und pädagogischer Beziehungen in den Vordergrund. Fachkräfte werden somit als Beteiligte an der professionellen Interaktion verstanden. Förderliche Beziehungsarrangements fundieren auf wechselseitig ausgerichteten emotionalen Erfahrungsprozessen, die sinnhaft zu deuten sind und selbstreflexiver Kontrolle unterliegen.

Psychoanalytisch-pädagogisch fundierte Professionalität verbindet systematisches Theorie-Wissen mit fallbezogenem intuitivem Wissen, das auf der »Kunstlehre« eines psychoanalytischen Verstehensansatzes basiert.
Darüber hinaus enthält das Jahrbuch auch aktuelle Umschauartikel und Rezensionen.

P🙾V
Psychosozial-Verlag

Uta George, Herwig Groß, Michael Putzke, Irmtraut Sahmland, Christina Vanja (Hg.)

Psychiatrie in Gießen

Facetten ihrer Geschichte zwischen Fürsorge und Ausgrenzung, Forschung und Heilung

Psychosozial-Verlag

2004
606 Seiten · gebunden
EUR (D) 29,– · SFr 49,–
ISBN 3-89806-307-0

Die Geschichte der Psychiatrie in Gießen ist besonders facettenreich. Schon in der Zeit »vor« der Psychiatrie wurden psychisch erkrankte Menschen in Hospitälern versorgt. Die Institutionalisierung des wissenschaftlichen Faches erfolgte in Gießen 1896 mit der Gründung der Universitätsklinik. Zur Pflege älterer bettlägeriger Patienten stand ab 1903 ein Provinzialsiechenhaus zur Verfügung, während »Geisteskranke« in die 1911 eröffnete Heil- und Pflegeanstalt überführt wurden.

Im Nationalsozialismus bildete Gießen ein Zentrum der »Erb- und Rassepflege«. Kranke Menschen wurden nicht nur zu Studienobjekten rassistischer Forschung degradiert, sondern ebenso zu Hunderten Opfer von Zwangssterilisationen und »Euthanasie«-Morden.

Dargestellt wird in diesem Band auch die weitere Entwicklung und das vielfältige Versorgungsangebot der heutigen psychiatrischen Einrichtungen.

P🕮V
Psychosozial-Verlag

Heinrich Greving,
Christian Mürner,
Peter Rödler (Hg.)
**Zeichen und
Gesten –
Heilpädagogik
als Kulturthema**

2004
216 Seiten · Broschur
EUR (D) 29,90 · SFr 50,50
ISBN 3-89806-102-X

Zeichen und Gesten wirken wegweisend. Sie gehören zusammen, werden aber in der Alltagserfahrung oft vernachlässigt. Reflexionen über Körper und Körperlichkeit sowie die Semiotik – die Lehre von den Zeichen – sind grundlegende Theorien für die menschliche Kultur und den Umgang mit Menschen.

»Zeichen und Gesten« beschreibt den Wandel von Zeichen und Begrifflichkeiten in der Heilpädagogik, z. B. durch Normalitätsvorstellungen, die »Behinderung« erst definieren. Einen zweiten Schwerpunkt bildet das Thema Körperlichkeit und Gesten. Abschließend stellen die Beiträger das Thema Heilpädagogik als Kulturthema vor, u. a. unter den Aspekten »Behindert-sein als kulturelles Wahr-Zeichen« und »Kultur der Behinderung im Gedicht«.

P🔳V
Psychosozial-Verlag

www.ingramcontent.com/pod-product-compliance
Ingram Content Group UK Ltd.
Pitfield, Milton Keynes, MK11 3LW, UK
UKHW041947230426
12048UKWH00008B/196